動漫社會學

腐腐得正
男人的友情就是姦情！

Cocome——著

目錄

推薦文

用ＢＬ做性別教育

王佩廸（《動漫社會學：別說得好像還有救》主編）

品志可以將碩論改寫成一本像輕小說般重量卻不失學術價值的書，真的是太好了。

我與品志就是透過ＢＬ而結緣。更精確地說，一開始是透過我御宅研究的演講認識，但之後品志努力不懈地推坑，丟給我一堆適合入門者的漫畫，甚至將重口味的ＢＬ遊戲直接當生日禮物送來，終於讓我也陷入這個深不見底、充滿無限歡樂的腐坑了。

身為當年品志的口試委員之一，我很早就看過他的論文，不過，當時礙於對學術某種想像的格式設定限制，讓品志豐富精彩的訪談稿沒辦法完全發揮，甚至被要求拿掉了某些章節，讓人感到些許遺憾。幸好這次有機會將其改編出書，除了能暢所欲言之外，品志也改以較輕鬆幽默的口吻，偶爾在字裡行間看到作者忽然冒出來的心中小花時，總讓人不禁莞爾。

透過對ＢＬ和腐女的介紹，這本書很適切地引出了許多性別研究的理論概念，雖然學術味不重，但同樣具有知識價值，讓不具備性別理論基礎的讀者，也可以簡單了解到什麼是父權體制？ＢＬ如何顛覆異性戀霸權？或是恐同(homophobia)和ＢＬ有什麼樣的關聯？

這本書另一個特色是針對腐女有著具體且多面向的描述，讀者可以看到腐女們之間存在著許多異質性，也就是每個腐女看ＢＬ的動機、喜好和解讀方式都不太一樣，但是也會發現，腐女們的處境還是有一些共通處，尤其是被汙名歧視這一點。也因如此，面對社會大眾質疑的眼光，許多腐女們總是低調著、默默隱身於人群中。

不過，我們選擇讓腐女的聲音放大，讓更多人了解什麼是ＢＬ文化。就像我在學校裡開授動漫文化或御宅族等課程時，我會開門見山說：「腐女是這個文化的一部分（其實是大宗），我一定會講ＢＬ。」儘管課堂上總是男生居多，不免有同學會排斥ＢＬ，但我將此視為性別教育的一環，先說明為何男生特別會排斥ＢＬ？並藉此讓大家知道女性也是有情慾，女性也是需要色情文本的。

講白一點，男生都可以公開討論巨乳（或貧乳），女生為何就不能談攻受呢？

此外還有一點很有趣，就是本書的作者具有男同志和腐女的雙重身分。

在過去ＢＬ文化尚未為人熟知時，男同志圈普遍對ＢＬ的態度是鄙夷的，認為這些女生所談的男男愛根本不切實際。然而，時至今日，誤解逐漸化開，我們發現男同志也一樣可以把閱讀ＢＬ當作一種興趣，許多腐女會主動去了解同志社群，對性別多元更加了解，甚至支持同志婚姻合法化。而由具有此雙重身分的品志來講ＢＬ或介紹同志，或是說明兩者同盟的可能性，都更加具有說服力。

動漫文化當中本來就有許多跟性別相關的議題值得去探索，而ＢＬ就是其中一個很重要的主題，女性光明正大地閱讀ＢＬ、主動去觀看男性身體、公開談論情慾，這些都是相當具有性別平等的意涵，所以說，ＢＬ根本就應該被直接拿來做為性別教育的教材啊！

而這本書就是建議拿來搭配的參考讀本。

以文會友，以腐友人的閱讀

卓耕宇（臺灣性別平等教育協會監事）

閱讀著品志的文本，很享受也很愉悅！當下，我身邊的腐男腐女學生畫面一一活靈活現地浮現腦海！一邊閱讀，一邊更理解原來我的學生們當下的竊喜所為何事，因為他們老用賣個關子的口吻對我說：老師！等你看了就會知道！

作為一個高中職的輔導老師，我喜歡透過學生們分享的種種來看見彼此生活的真實，尤其身處生理男性佔多數的工科校園，腐女的現身往往帶來有趣的師生對話。這本書，的確提供了陪伴青少年學習與成長的教育工作者，一個不同但絕對貼近腐女生命經驗的最佳入門與認識讀本！透過精彩的訪談結合不同類型的ＢＬ文本，搭配著性別論述的分析與對照，情慾無所不在的流動與想像，讓閱讀不只是悅讀，更藉此跳脫了讀者的既定性別框架，開拓更寬廣的性別視野。套句書中所說：一旦打開腐眼／性別的視野，就再也回不去原來看不見性別的眼睛了！因為更認識ＢＬ文本背後所慾望與投射的，不就是這個真實社會中較不願誠實面對的性別文化，例如：性與身體的愉悅與無所不在的權力關係，以及看見多元情慾的情感腳本。

我的腐女學生跟我分享：讀著ＢＬ漫畫或小說，她是自由的（觀看的局外人，沒有被慾望與控制的權力關係）！但真實的生活中，卻是受限的（感受性別刻板而影響情感與慾望展現的局內人）！這不就是父權社會中，男性支配與男性中心的具體展現，無怪乎腐女在ＢＬ的閱讀中是愉悅的經驗。另外，關於妄想，我曾遇過一個專研ＢＬ的男學生，過去常常抱怨對課堂教學的內容沒興趣，但後我越來越少聽到他的抱怨，討論之後才知道，原來他每一堂課都有獨到的樂趣，帶著打開的腐眼，想像著各種不同的對話腳本，每一堂課都是精彩！呵呵～我常在諮商的過程中，與他一起看見這樣的刺激與妄想的快感背後反映的文化禁忌與生活真實。我相信這學生，未來絕對是個創意無限的設計工作者！

性別，無所不在！權力關係與情慾流動，更是無所不在！閱讀本書，試著跟腐女學生對話，是個很棒的看見與長知識！

杜思誠（臺灣同志諮詢熱線協會政策推廣部主任）

ＢＬ對我來說，是成長過程的重要資源。我在國小五六年級意識到自己喜歡同性，但當時身邊沒有任何同志資源（我到大學時家裡才有電腦），生活中不認識任何同志，也不敢跟任何人說。曾經一度以為全天下就只有我一個喜歡同性的「變態」，直到我看到ＢＬ漫畫，才知道兩個男人之間也可以談戀愛（還有做愛），ＢＬ是我同志認同的啟蒙讀物。

不過我一直是偷偷摸摸地看，害怕被身邊的人發現我看ＢＬ，而發現我喜歡同性的事。曾經有一次在家附近的租書店，我抱著一疊高Ｈ的ＢＬ漫畫到櫃臺結帳，女店員看到書問我：「你爸媽知道妳在看這些嗎？」當時的我內心嚇到快要漏尿，卻仍強裝鎮定地說：「他們ＯＫ啊！」回到家之後，我一直擔心店員會不會打來跟我家人說我看ＢＬ，還一直反覆思考要用什麼理由去租書店更改聯絡電話。

大學之後參加臺大男同志社團及熱線，我的同志社交生活愈來愈豐富，雖然還是有繼續看ＢＬ漫畫，但真的很少有機會遇到同好。去年因緣際會認識品志及佩廸老師，辦了熱線第一場ＢＬ講座，作為主持人，第一次可以大聲地出櫃說我喜歡ＢＬ，覺得好自在。這是我第一次有機會看到這麼多腐女，超過七十人擠爆場地，也深深感受到腐女們的強大力量（與

尖叫聲）～XD

因為品志的推坑，我接觸更多同人誌、《新社員》音樂劇，也參加今年的ＣＷＴ，除了發現這個文化的博大精深，也愈來愈好奇腐女的內心世界。品志的這本新書正好為我解惑，他從性別研究的觀點討論ＢＬ文化，仔細耙梳這個文化如何翻轉父權體制的權力關係與強制異性戀；透過一個又一個的有趣訪談，也呈現了腐女的真實世界與聲音，打破外界對腐女的刻板印象。

我也在書中看到腐女在異性戀主流社會中的處境，包括追求情慾自主、汙名、出櫃與尋找社群，這些都讓身為同志運動者的我心有戚戚焉。像是書中所提及的出版品分級制度，只要有同性愛情節，無論是否有性愛描述，都會被歸類到十八禁，這正是臺灣社會對待異性戀與同性戀的雙重標準。

從另外一個角度來看，ＢＬ文化其實也是一種青少年文化，有許多青少女透過ＢＬ進行慾望的啟蒙與權力翻轉，但這被大人們視為是不好的、不健康的，也因此常常被禁止。好在如書中所呈現，腐女們擁有極高的能動性，能發揮強大的「妄想」力，突破父權體制的重重束縛。如品志在書中所說，ＢＬ文本及腐女開闢了另一種性別運動的可能性，我也期待腐女可以成為同志運動的堅實後盾，一起為臺灣的性別平等努力！熱線今年也將繼續舉辦ＢＬ講座，歡迎眾腐女們與我們多多交流喔～

游美惠（國立高雄師範大學性別教育研究所教授兼所長）

什麼是「ＢＬ」？什麼是「腐女」？
如果你／妳不知道，那你／妳一定要讀這一本書；
如果你／妳早知道，那你／妳也不能錯過這一本書的精彩剖析。
從「閱讀」到「悅讀」再到「悅瀆」，你／妳將會經歷一段奇妙的旅程！

陳又津（少女愛好者）

人不耽美枉少年，ＢＬ光耀我青春！

鄭智偉（臺灣同志諮詢熱線協會社工主任）

腐女子們在全國各處撒下同志教育的種子，謝謝妳們～

作者序

當妳看到這幾個字的同時，作者，也就是我，正在鍵盤上懸著雙手，雙眼望著電腦螢幕上方的窗口，眺望在南部艷陽四射下，高樓大廈被陽光照得閃閃發亮的黑色玻璃窗，以及被紗窗縱橫交織的網格給切割成百上千的窗格。我的目光緊盯這些小格子，看到的卻是一個個陌生卻又熟悉的臉龐。

是的，就是妳，或者會讓我略感訝異的，是你。

身為腐女同好的妳，在拿起本書、翻開封面的同時，或許會期望在本書中找到能解釋內心無以名狀悸動的答案，或是似曾相似、心有戚戚焉的共鳴，抑或是單純嗅到「腐物」的本能反應所致；或者，只是單純被書名和封面給吸引。但不論如何，這本書得以出版上市，就是妳以及許多陌生卻又如此相像的腐女同好所促成的。嗯，不需要感到訝異，妳和這本書的相遇是一種命中注定的巧合。

或者，前文所說得妳其實應該用「你」：一個生理男性，但卻有著對ＢＬ燃燒如大火般猛烈的熱情。這樣的「你」著實在這圈子裡是相對性的少數，隨著你的出現，原本的腐女一詞開始出現相對應來命名你的「腐男」標籤。或者，你只是單純的消費ＢＬ，但卻沒有腐男的認同，抑或是跟我一樣，縱使自我認同為男性，但卻因對這文化的尊重以及對父權的反思，而繼續用腐女一詞來自稱自己。或許，本書中許多受訪腐女的生命經驗跟你經歷過的有所落差，但不論如何，我想在這主流社會中無論你的生理性別是男是女——特別當你是個男性卻又喜愛ＢＬ時——外界投來的好奇甚至不友善的眼光，抑或是你內心的自我監視都曾讓你感到不快、害怕、擔憂這樣的興趣會被他人視為怪胎，甚至暗中揣測你是個同性戀者，誠如我訪談的一位腐女所說：「看到一個男生拿著ＢＬ漫畫在看，我們腐女都不知道把他ＹＹ到哪裡去了，更何況是一般人。」

當歧視、汙名與恐同還在這社會蔓延，愛好ＢＬ的男性，不論你是同志抑或是異性戀，應該都會意識到櫃子的存在。縱使自我認同是異性戀的腐女，也未必能逃離父權下對女性情慾的監控和管束。當然，這樣的經驗對於是個同志的你絕對不會陌生。你可能是男同志、女同志、跨性別者、酷兒抑或是六色彩虹中的一份子。或許你跟我一樣，在追尋自我認同的道路上曾受ＢＬ的協助推了自己一把，或是從中獲得一點喘息和逃逸現實的愉悅。縱使ＢＬ不等同於現實的（男）同性戀，但你可以從本書眾多腐女的生命經驗中，找到那些似曾相見，卻又不忍卒睹的情景。

或許，你是剛接觸、聽聞到ＢＬ的讀者，對於ＢＬ文化在今日會如此興盛而感到好奇；或許，你周遭的朋友、同事、師長、同學、小孩、父母（？）就是ＢＬ愛好者，而你始終不知道她或他為何對這樣的漫畫、小說如此鍾愛，甚至到愛不釋手的地步；抑或是，我預設你是個異性戀男生，而你的女友就是個重度腐女，除了會看著濕淋淋的肉本傻笑、自嗨、瘋狂外，甚至拿你跟你的同性死黨來妄想配對。

不論你是上文哪一類身分的讀者；或者，你只是誤打誤闖拿到這本書卻連ＢＬ都沒聽過的人，我們相遇在這本書都是一種必然。

如同《×××HOLiC》裡，壹原侑子所說的：「這世界沒有偶然，有的只是必然。」如果各位能從字裡行間找到些許的收穫、感動或是共鳴，那便是作者我最大的榮幸。

快問快答

Q1 是否會跟交往對象坦承腐女身分？

1+……會啊XDD 這樣他才能放心在我面前跟哥們搞基（？

小花……這不是公開的嗎？何必坦承。

ლ(◉◞౪◟◉ლ)……會耶，不然做什麼事都不方便（想幹嘛

阿橘……會喔！少了腐女子人格我就不再是我了！

erica……到了現在這個三開頭的年紀（笑）反而會覺得承認是比較自在的，而且在這個多元化的時代，看BL是很快樂地有助於身心發展，覺得不需要特意對交往對象隱瞞。

J……還沒遇過所以無法回答，以過去經驗來說會傾向隱瞞，但不知為何都會被發現www可能是我氣場太強藏也藏不住www

緋珞……會（ˋ∀ˊ）ノ畢竟我是很容易看著手機圖片或者臉書好友分享就發廚傻笑的人（變態?!），而且R18本那麼多看到書櫃就破功啦www

女校……必須的，我還等著他幫我產糧呢（欸不對，認真答：覺得一開始講清楚比較好吧吧吧……？不過雖然會表明，但發廚的時候還是會找腐友。

墨染……會！順便同化他:D（妳別

asdf……也偽裝不久吧。

Q2 哪部作品開啟了妳的腐眼？

1+

APH（義呆利 Axis Powers）這部真的太魔性了。

小花

絕對服從命令（BL Game）和戀愛暴君（BL CD）。

E

死亡筆記本。

asdf

火影，JUMP系的童年。

Zuian

少年悍將。

ʕ◉ᴥ◉ʔ

世界一初戀！高野和小野寺實在是（ry不過每次的更新真的是讓人等的好苦啊嗚嗚嗚……

墨染

太久已不可考，有印象的好像是數碼寶貝。

朝朝

Harry Potter。一開始是看Draco和Hermione的BG，但看了一篇Hermione穿越到男學生身上的文發現可以，就好奇的去看了BL從此一去不回頭（つд⊂）ｴｰﾝ

緋珞

棋靈王，天然阿光X傲嬌小亮簡直神萌！想當年為了看他們鬥嘴回家第一件事就是開電視啊>///<接著就是APH吧！各種CP都好吃好吃，這時期大概都是看圖片，進入同人文果然還是吾命騎士跟特殊傳說啊！格雷跟冰漾當時根本超火紅的阿斯～

J

時代的眼淚之闇之末裔（暴露年齡

阿橘……哨聲響起，但真正開始進入BL的閱讀和創作是因為傑尼斯中年偶像們。

小花……幽遊白書的飛影和藏馬（初心）。有點冷酷的飛影和總是微笑游刃有餘的藏馬真的很配啊，感覺他們之間有故事，也是第一次買同人本的CP。

Q3 最喜歡怎樣的CP組合？

小花……忠犬攻Ｘ傲嬌受。

E……強強互攻、傲嬌攻跟女王受之類的……？基本上劇情好看就吃啊 :)

Zuian……渣攻Ｘ強氣受。

朝朝……個性上的猛獸Ｘ猛獸使吧ｗ受方的精神力比攻方強大，保護著也引導著彼此ｗ

好鳥……我喜歡的通常是角色個人而不是單一CP，所以能讓我喜歡的角色成長或是可以讓這個角色有合適發展的我都喜歡，例如batman系列的蝙蝠俠bruce wayne和羅賓（初代）dick grayson很棒，最近喜歡的靈能百分百的靈幻和茂夫也超級可愛。

J……主從配（主攻從受）／年下攻大叔受／師生配（生攻師受）好像都一樣ｗｗｗ

asdf……骸雲（變態剋女王，愛與恨的極致，暴力美感）。

阿橋

現在喜歡的是勢均力敵不分軒輊，親密友好卻又相互較勁的那種。

緋珞

基本上不挑食。吃，都吃ww

唯一雷點就是不喜歡太女性的受~強氣攻受的組合應該是最對味！♥

女校

簡單來說就是男人不壞，女人（我）不愛（欸，攻受有一方有點賤有點會玩有點壞的最喜歡了比如伏八的伏見（K），黎嚴的嚴司（因與聿），BillDip的Bill(Gravity Fall)……等等。

narusasu

最喜歡攻方是陽光開朗大男孩的類型，可是內在又有一點腹黑，受的話最愛傲嬌受，不坦率愛逞強，明明喜歡攻君卻對他很兇的類型哈哈。喜歡的CP幾乎都是這類，像是8059。

erica

最喜歡有一方是有著古怪性格、奇妙堅持、不容易親近個性，但是會允許另一方侵入他的私人領域、吐槽自己的古怪之處，總而言之就是很寵溺對方、願意讓對方看到自己不為人知一面的這種CP（笑）。舉例來說，我覺得電影Star Trek的Kirk和Spock就是這樣的關係，大副Spock因為是瓦肯人（雖然有一半的人類血統）奉行理性至上，但遇到感性又直率聰明的人類艦長Kirk，日漸相處之中也引出了Spock人類性格的一面，而且Kirk也是可以坦率地接受Spock既是瓦肯人也是人類的事實，非常喜歡兩人在心靈與工作上互相扶持的關係。

Q4 會想像或幻想自己喜歡的男生是BL嗎？

1+

……我可以說事實上我覺得不錯的男生真的大多只愛男人嗎？這不是想像，是現實的悲劇啊！（血淚）

緋珞

現實要帥哥才好吃，所以通常只有在路上出現萌舉動的小帥哥們或是影集角色才能吃！簡直超養眼又美味啊！ʒ（・ω・ʒ）（癡漢請注意！

阿橋

太親近的人真的無法，沒有距離產生不了美感，物化親友會有罪惡感啊……

小花

我的妄想都在二次元裡頭，對現實的人物比較沒辦法（又不美型）。

erica

絕對會耶（大笑），即便喜歡他，還是忍不住會想像他和其他男孩在一起的感覺，然後很想默默守護他、了解他們愛情發展的過程（心），也許對於感情自己還是喜歡守護的感覺。

女校

本來想打不會……後來發現會……（ry因為喜歡的是騷騷型的男子，所以會想像他們被壓在身下嬌喘的樣子（警察先生！然後很懊悔幻肢終究是幻肢不然上他的人就是我了（警察先生！

藍

別人的男朋友ok，自己的還是要跟我啦。

E

不會吧。因為我看他們都比較像是小狗小貓類型的XDDD一堆毛孩子擠在一起的fu。

narusasu

不會，因為他是我喜歡的人啊，如果是BL我就沒機會了，但是路上不認識的兩個帥哥，看起來感情不錯的樣子，我會幻想他們在一起www

Q5 妳覺得為何異男看BL容易把自己帶入受的位置？

小花

我也覺得莫名其妙啊，連腐女都知道要代入攻的位置。

藍

每個異男都有內心小受的一面。

E

他們帶入攻的話就去看AV就好啦www

女校

真的嗎OAO可能就像我會想上人一樣吧，得不到的總是最美(三小

erica

其實我覺得這真的是一個很絕妙的事情，為什麼不會把自己想像成是攻君的位置？但可能的原因在於要想像自己喜歡男生對異男來說是沒那麼容易接受的事情，但如果是被人追求或是出現了連男性都無法抗拒的攻君，異男說不定會把喜歡男性的這件事，認為是因為無法抗拒對方魅力，藉此避免那個主動「喜歡男生」的自己，不過，這個說法只能是我自己片面的想像，這是還蠻值得和異男一起討論的有趣問題！

緋珞：純粹是想被從後面來一次吧?!(大誤咳咳!……就可能想體驗不一樣的感覺wwww

阿橘：因為自己並不想上男人吧(爆)!

Zuian：可能是他們潛意識中有這樣的恐懼吧?因為男性通常是屬於侵略別人的地位,而看到BL後知道男性也會有被捅得可能,不免會先試想自己如果是受的話會是什麼樣的感受……。

narusasu：我想是因為在BL裡,通常攻方是主動的一方,受是被追求的,異男不愛男人,所以不會將自己帶入攻的位置,會覺得自己是受。

asdf：真的嗎XD內心深處渴望被開發也說不定。

好鳥：是喔?有攻受之分所以那是一本有肉的BL漫囉?女生也會的,BL肉漫裡描寫受方床上的姿態是必要的,而且通常狀態的資訊量大於攻方,我想猜測那是由景入情還能接受XD

Q6 真的看到任何事物都會想像他們的攻受可能嗎?

1+：看山是基,看海是基。只得意會,不得言傳。

小花：這就要看各人的道行了吧!

好鳥：不會,攻受於我不是重點,是相愛,相愛的橡皮擦跟紙聽起來是蠻浪漫的啦,但我不想用人的角度探討紙和橡皮擦的愛情。

erica
這個狀況不常發生在我自己身上，但朋友一旦提起也會跟著聊得很開心，妄想是快樂的（笑）。

阿橘
要有適合且有趣的點才會。最近的一發是U-bike及其停車格的「對不準就進不去，方向對了用力一捅才會發出聲音」。

narusasu
很沉迷的時期會幻想一些現在覺得很不可能的事，像是天花板和地板這種，但是大多時候是不會的。

女校
不會。這樣也太累了吧www 就算再怎麼淫蕩的男生也不會看到洞就想插啊wwwww需要有萌點或者很強烈的可ＹＹ感或者剛好開關open就能有信手拈來的攻守分類（ry

墨染
幾乎（掩面

asdf
我的能力沒那麼強大，這樣生活也蠻累。

ლ(◉◞౪◟◉ლ)
自己是還好，還沒辦法到任何事物都能一秒反應ww不過走在路上一想到的話，那可是ＹＹ無限深啊wwwww

Q7 妳覺得攻受可逆嗎？

E
有愛就行，互攻互受都很萌捏♥

Zuian
可以，但撇開自己喜歡的角色。

緋珞
有些可以，基本無節操，只要角色個性合理就都可逆啊！各種CP都能搭。

阿橘

可逆是可逆，但由於本人具有親媽性格，所以基本上還是希望自擔是被疼愛的那一方。＜＜實在堆不擠呀被我喜歡上的角色都得當受。

女校

必須誠實的回答，不一定。攻受判定是要天時地利人和的（嚴肅臉ｒｙ但是如果本命糧荒又剛好逆ＣＰ是大眾，那我……那我……那我還是會硬著頭皮吃下去（幹！

ʕ•ᴥ•ʔ

覺得看ＣＰ耶，自己喜歡的角色通常是攻，然後試想著他們變成受時，那種反差萌真的又覺得是一個新世界了呢（笑）！

erica

完全可以！雖然會習慣看某一方被攻（噗），但畢竟是男男，

朝朝

我認為兩人的關係是對等的情況下，攻受交換是ＯＫ的，可以互相切磋技術（竊笑）。

我比較潔癖，大部分的配對不可以，但也有些例外，我以及還找不到例外的共同性（ↄДↄ）ᕀ-ᐟ不過本命都不可以是確定的(๑•̀ㅂ•́)و

Q8 哪句話或哪個關鍵字，會讓妳覺得對面的可能是自己人？

1+

果然還是得聽到攻受才能放心確認呢。不然可能不小心刺激到單純喜歡男性間純潔友誼的孩子（？

E

說不出來耶，是電波的問題！

阿橘
大概是……會用稱讚女性身體或外貌的形容詞來稱讚男性吧？

墨染
用我一生，換妳十年天真無邪。瓶邪！

narusasu
靠感覺（菸）。最直接的方法，就是ＣＰ名稱了吧。

asdf
腐女雷達（知者恆知。

好鳥
有時候某些關鍵字和討論的方向會顯示他們來自河道……恩。

J
「妳知道刀劍亂舞嗎？」

女校
妳有噗浪嗎？（挑眉微笑！

ƪ(◉ᴗ◉)ʃ
這方面我好像比較遲鈍一點，可能要等對方講得比較露骨才會驚覺是同好，又或者從對方談話氣場（？）才能一點一點推敲出。

Zuian
覺得ＯＯ是受我可以……。

緋珞
萌或發廚等用語、或討論隱藏在正常少年漫畫的ＢＬ作品，一聽標題或什麼故事就知道了ｗｗｗ雖然有時候根本是電波吧！就是直覺對方是同好的概念ＸＤ（腐女雷達?!

erica
「妳不覺得這兩個男的，在故事沒說的部分可能還有一些發展嗎？」↓這句話絕對會放入繼續觀察對方是否為自己人名單之中。

Q9 「出櫃」腐女身分後，得到最特別的回應是什麼？

1+

被問了N題腐女小常識認證身分(?)出櫃對象是資深腐女，大概很怕我是走錯房間的迷途羔羊吧！(那時看起來確實傻呼呼的。)

藍

買BL漫畫時，男友在旁邊把BL書名唸出來而且他笑得很開心。

narusasu

妳是不是女同志？

erica

「妳身上果然是有腐女的氣味！我沒猜錯ｗｗｗ」↓大學時期同為腐女的友人相認時，她的爆笑反應。

朝朝

被國小同學罵過「同性戀狂」，不過也可能是我太積極想拉她入坑的緣故(つд⊂)ｴｰﾝ 太年輕啦ｗｗｗ

緋珞

男生朋友講話超開放，因為開黃腔結果我整個笑到一整個沒形象(原本有嗎?!表示形象完全不用注意，就是發廚迷妹模式開啟大家也看習慣了XD家裡也意外開放，只是要我不要一直買R18把書櫃塞爆。

ε(◉ᴥ◉)з

「所以妳是同性戀嗎？」朋友也遇過一樣的問題，但這是兩碼子事啊！

女校

我老弟不敢接近我的書櫃算嗎(ry

阿橘：通常只有對日本男性才會進行出櫃行為，臺灣就一直沒在櫃子裡啊（爆）在要互加臉書時就會先講XD最近是對一位新認識的藝術家弟弟（目測為直），我很神祕地說「我可是……腐女子喔。」結果獲得對方一個帶著「三八咧妳」的大嬸式肘擊。

Zuian：克制一點。

Q10 妳覺得BL一定要有「肉」嗎？

小花：雖然想說無肉不歡，但其實還是有些清水作品很好看啦。

asdf：看作者功力，清水可以纏綿悱惻，肉也可能厭膩反胃。

阿橘：商業BL可以不用，因為重點在故事，但衍生妄想是基於我對角色的愛，愛他就要上他（？），我上不了他，就只好請別的男人幫我上他……（萎）

erica：不認為一定要有「肉」，描寫情感糾葛或帶點小粉紅也很好看啊，有時候只有親吻或擁抱的故事一樣也是火花四濺啊。我覺得「肉」的描寫或發展通常會對角色和故事進展有一定的影響，不太習慣看只有「肉」的故事，還是會期待是有感情上的連結才發生「肉」的情節XD。

narusasu：不會，我比較注重心靈方面的描寫，腐女都很肉慾只是誤解～純肉很空虛的。

緋珞

不一定，沒肉的清新小品也有不一樣的萌點，看著少年漫畫自己腦補配對超爽！（笑）不過當然肉還是必須啦～但我比較挑食對於人物曲線或是床戲描述還是前戲之類會去注意（非常難搞！ヽ(・Д・)ノ

好鳥

不用，對性愛的討論只是愛的一部分，如果定義ＢＬ是一種愛的話，上面提到的ＣＰ裡bruce和dick就蠻需要肉的，dick這個角色本身定位還蠻奇妙的……做為一個男性角色他的身體被消費的有點過火。靈能的靈幻和茂夫我就沒辦法太認真看這對的肉，茂夫目前的世界裡還沒有性，那個對他來說太刺激了XD，然後十歲的阿尼小朋友即使一個人也要不斷的討論性（也許不是性愛），因為他是個小變態。

朝朝

不肉也可以是ＢＬ啊ｗ可能會被警察帶走的小正太什麼的，黃昏戀啊，或是虐慘的一方死亡，都沒有肉的條件啊哭哭（つД⊂）ｴｰﾝ

藍

我不吃素。

女校

不一定，但我希望都有（幹！畢竟堂堂東坡大學士都說了：無肉令人受（喂！

開始前，打個預防針！

本書改寫自我的碩士論文〈「腐女」的幻想與望／妄想〉以及二〇一四年性別平等教育立法十周年學術研討會論文〈腐女的情慾自學方案與快感〉，對學術申論有興趣的讀者可以從網路上搜尋這些論文閱讀。

會在開頭把這件事講明，是因為這本書不走學術風格的書寫路線。或者應該說，我盡量用最淺顯的文字來表達、分析這些參與我訪談腐女們的生命經驗；然而部分篇章的討論較為深入，不得不摻用學術語言，還請讀者見諒。不論如何，**誠如第二波女性主義者主張：個人及是政治的，在三十二位腐女所敘述的字裡行間，我們除了可以看到「性別」是如何深刻影響BL文本和腐女的閱讀經驗，更能理解腐女在父權社會中的處境**。

學術只是輔助，**「腐女們說了什麼」**才是最重要的！

預防針只打這一支？不，還有三支呢！

腐女、BL文本的異質性

講在前頭，雖然本書用「腐女」一詞來囊括所有自我認同、並熱愛ＢＬ的女性，但腐女這個族群裡成員的異質性卻是不可迴避的事實。並非所有的腐女都是異性戀者，我訪談的腐女中就有不少是自我認同為雙性戀的腐女，也認識一群會看ＢＬ的女同志（但沒有腐女的身分認同）。性取向的差異，讓這些非異性戀的腐女在閱讀經驗上有別於一般異性戀的腐女。

除了性取向的差異外，另一位名叫鴨鴨的腐女則是讓我見識到也有腐女是不從「戀愛」的觀點來閱讀ＢＬ作品：

鴨鴨：喔……我的更變態啊，我喜歡看流血、互相虐待的……。

我：所以妳是屬於喜歡看虐身體的？

鴨鴨：對啊……虐身的沒有錯，其實我每天晚上睡覺或是睡不著的時候，是想像那些畫面睡著的。

我：所以是ＢＬ的想像嗎？妳想像的畫面。

鴨鴨：不一定，看對ＢＬ的定義吧……其實我想像的畫面不一定有愛耶，施虐的那個人搞不好根本沒有臉，是男的是女的也不重要……可是重點是受虐的那個人是男的……他怎麼流血、他哪裡流血……。

我：在這個過程中會有快感嗎？

鴨鴨：會。就是看到很可愛的鳥那種快感……因為我很喜歡鳥這種動物，看到鳥的時候會很興奮，那我想到那些畫面也是很興奮。

我：那妳剛剛講到喜歡痛和流血的部分，有跟別人分享過嗎？

鴨鴨：沒有，我不敢講……就是覺得會害羞啦，我是會講到說我喜歡虐……然後我的朋友也都知道我喜歡虐身，但就沒有講到像剛剛跟你講的那麼細的部分。

我　為什麼考慮後會不想講？

鴨鴨　多多少少怕被她們認為我很奇怪吧……多多少少啦，會怕被認為是異類。

…………………………………

從鴨鴨自述的喜好以及我跟她訪談所得到的資料來看，她和絕大多數受訪的其他腐女不同，對於ＢＬ中的戀愛情節並不怎麼在意，甚至可以用無感來形容。對她來說，ＢＬ帶給她最大快感的是「男性流血、受傷甚至到斷手斷腳的虐身描繪」，或者可以用俗稱的「獵奇」來形容。誠如她最後自述的，這部分的喜好和妄像並沒有跟其他腐女同好深談，背後理由是擔心會被認為是「異類」。事實上，我也是遇到她後才發現並非每個腐女觀看、消費ＢＬ的過程都有「愛情」的成分在裡頭。

鴨鴨的經驗，說明了腐女這個族群本身的異質性和多樣性。

至於ＢＬ文本的多樣性和異質性就更明顯了，舉凡常見的日本動畫、漫畫的原創ＢＬ

作品、JUMP系的二創同人、BL遊戲、從日本翻譯進來的BL小說、臺灣或中國作者所撰寫的BL小說、歐美電影及影集、美漫的BL配對、布袋戲、三次元的偶像團體等等，每個腐女偏好的主食都各不相同，而消費的文本差異性也會影響閱讀經驗。雖說如此，縱使各類文本的創作和書寫有如此大的差異，但它們都被歸類為BL文本之一，這也意味著它們還是具有某種程度的共通性。簡單來說，消費文本類型的不同，也會造成腐女之間的差異和多樣性。

BL文本閱讀大量與否所造成的理解門檻

記得在準備碩論研究計畫發表時，懷著對BL無上的熱情以及「世上沒有女生會討厭BL」的「偏執信念」，我嘗試向所上的女教授們大力推銷BL。在一堆堆BL漫畫、原創同人以及小說的澆灌下，三位女教授中只有一位長出BL的萌花。（印象中，讓她最愛不釋手的作品是麻生海的《一直認真愛著妳》和吉永史的《西洋骨董洋菓子店》，理由是裡面剛好觸及同志家庭和照顧小孩的劇情），至於其他兩位基本上呈現無感的狀態。造成三人閱讀後反應差異的最主要理由，跟過去是否有接觸過動漫文本有關，她們之中看得最開心的一位，在學生時代便有接觸少女漫畫，因此對於我推薦的BL漫畫，能夠迅速理解其敘事風格甚至從中得到樂趣。

舉這個例子是想點出ＢＬ**甚至是往外擴大到整個御宅族，其實是一個非常依靠文本（不論是動畫、漫畫、小說、影音、遊戲等類型）而生的文化**。簡單來說，這跟沒看過原著會很難理解同人本裡面所用的「梗」是一樣的道理。這也是為何參與訪談的腐女們，撇除避免遭受外界異樣眼光的因素外，不太愛跟外人主動提起自己的興趣和身分。畢竟對一個完全沒聽過ＢＬ一詞或是沒看過相關作品的人談論ＢＬ，無異是對牛彈琴、用熱臉去貼冷屁股，獲得的反應大概就跟你朝著沸騰冒氣的熱水壺吹氣降溫一樣毫無效果。

因此，如果你是個從未認真看過ＢＬ文本的人（不論是二創同人、原創ＢＬ漫畫小說等），那麼要理解這個文化以及腐女們的經驗，或多或少會有「卡住」甚至隔靴搔癢的感覺。不過不用擔心，如果你在書店拿起這本書，你可以向櫃檯服務人員詢問放置漫畫的櫃子，挑個封面畫有兩個男生親密互動的漫畫回家觀賞，多看個幾本應該就能「感同身受」。比這更好且更省錢的方法是，如果你周遭有腐女朋友，不要客氣，請用在大雨中被遺棄在紙箱裡的小狗那充滿「渴望」的閃爍目光以及楚楚可憐的表情，向她們詢問是否可借你ＢＬ作品來讀，想必在這樣凌厲攻勢下，你的腐女朋友絕對會拿出她們珍藏的ＢＬ給你。

但務必記得，之後一定要交個讀書心得，不論是用寫或是用說的，這樣才能撫慰她們沒說出口的各種期待和冀望共鳴的需求。

試著以女性的觀點來思考ＢＬ

如果你是個男性，請務必記得這句話：ＢＬ**是一個由女性創作、女性消費的文本，它建立一個專屬女性的空間。在這空間中，女性試圖描繪、創作男男之間「同性愛」的文本。**心中緊記這點至關重要！或許有人會說，現在也有男性參與創作ＢＬ作品，在ＣＷＴ會場也看得到男性出沒在女性向的攤子上，不能一言以蔽之ＢＬ文本「都是」女性所創作、女性所消費的文本。**不過我說的是「ＢＬ是一個由女性創作、女性消費的文本」而非「ＢＬ都是由女性創作、女性消費的文本」**。

特例很重要，但是必須先談通則再來談特例。通則是，ＢＬ文本和腐女文化是由女性所促成的，這點是事實。特例是，男性愛好者或稱腐男是跟在腐女之後才浮出檯面的族群，這點是當前的事實，但也是需要脈絡化來理解的特例（或許隨著時間推移，腐男的族群也會有增多的趨勢），但由於書中訪談對象皆為腐女，因此不會在文中討論到這部分。（縱使我本人就是個生理男性，且自我認同為男同志的腐女）不論如何，從女性的視角來看待ＢＬ以及這個文化，是讀者們必須先認知到的事實。

事實上，ＢＬ便是因下述這兩點——女性為中心，以男性之間的「同性愛」為創作主題——而奠定它在性別研究的特殊性。

我是誰？研究者／我／同好身分的自白

我是品志，一位自我認同是男同志、腐歷八年的「腐男／女」，高師大性別教育所碩士，也是臺灣同志諮詢熱線南部辦公室教育小組的志工。

上述身分的自白有何重要性？最主要的便是兩點：男同志以及腐女這兩個身分。自我認同為男同志的人很多，隨著臺灣性平意識的提升和風氣的改變，不論是檯面上或檯面下，願意出櫃的人有逐漸增多的趨勢；而腐女的身分認同也隨著日本動漫文化的興盛以及ＢＬ文本的大量傳播而跟著「水漲船高」。然而，同時將男同志和腐女兩種身分當作自我認同的人卻是鳳毛麟角。會這麼說並不是要強調我這樣的身分有多稀少或多特別，而是要強調雙重身分認同時所帶來觀看上的跨界視野。

在談「跨界視野」前，先來說說我為何會用腐女而非用腐男來自稱自己。事實上，在講座上有腐女詢問我為何不是用腐男來自稱，理由其實就在於

「腐男腐女」當中「依據生理性別而劃分的男、女兩字」所致。對我來說，依據生理性別來劃分因ＢＬ這興趣而產生的身分認同是多此一舉的。使用腐女自稱，是出於對這文化和族群的敬意，畢竟在父權社會下，女性甚少有專屬於自己的文本和文化，特別是涉及情慾的部分更是如此。此外，我們社會習慣用生理性別來對「人」進行二分法，這樣的分類需要重新審視。最後，誠如許多女性主義者所指出的，在一個以男性為中心的父權社會中，我——一位男性——借用女性的頭銜並發展女性的身分認同，對於向來以「中性自居，實則男性預設」的父權社會，不啻是想打亂眾人腦袋瓜中性別預設的小私心。

回過頭來談，為何身為男同志的我在接觸ＢＬ並有了腐女的身分認同後，會開始有跨界的視野？我想最主要的因素在於「**女性觀點**」所致。

事實上，自我國中確定自己喜歡同性時，腦海裡便浮現一個頗為學術的疑問：女生慾望男生的方式，跟男生慾望男生的方式有何不同？在大學開始大量閱讀ＢＬ並接觸同志圈的文化和文本後，這個問題變得更為鮮明和急迫，急迫的原因是答案好像近在咫尺，但我卻伸手抓不著，縱使知道真相就存在宛如浩瀚大海的眾多ＢＬ文本當中。進了研究所並閱讀性別理論書籍後，我開始覺得答案越來越清晰，在跨越男同志圈和ＢＬ文化兩者的同時，我也看到兩者之間的差異性和相似之處。

擁有雙重身分的我彷彿站在兩扇分別名為ＢＬ和同志身分的鏡子中間，舉手投足都能從鏡中的自己回眸望著另一個相仿的身影——以及另一片鏡子中的自己，抑或是兩鏡相望。在意識到造成差異的緣由來自「女性視角」的同時，BL也讓我重新省思同志圈（主要是男同志）的文化現象和身體規訓。舉個例子來說，我曾和北熱線同樣熱愛BL的夥伴聊到，在男同志圈的文本中幾乎看不到留長頭髮的男性，反觀BL文本則是隨處可見，這樣的差異意味著什麼？比較同志文本和BL，發現BL往往會花較多篇幅和對話，鋪陳兩男之間的關係以及情感的起伏，這樣現象又點出什麼意涵？類似的例子可以無限舉下去，但這些疑惑及隨之而來的答案卻讓我有種如坐針氈的感覺；在國中時浮現的問題也在兩鏡對照下，逐漸凝結出讓我不甚滿意卻又不得不接受的答案：**在情慾和關係的面向上，男同志其實與異性戀男性頗為相似，反而跟異性戀女性差異頗大——縱使兩者慾望的對象皆為男生**。

曾聽聞有人批判、並指出BL文本的缺陷處在於「虛幻不真實」或是「造成社會大眾對男同性戀者有錯誤印象」，如果我沒記錯的話，這篇文章是由一位中國的男同志所寫，主要內容是為了回應腐女的腦補妄想以及BL中的攻受角色與現實男同志不相符之處。但我反而想將這問題反推給提出這質疑的（男）同志朋友們，**或許BL真的誤導某些腐女認為「男性在肛交時會流出不明液體」，但撇除這類生理上「非現實」描述的狀況，又有多少男同志（以及一般異性戀男性）願意設身處地從「女性的觀點及位置」來思考「為何女性會熱衷於消費、創作這類描繪男性同性愛的BL文本？」我想，人數應該是少之又少的**。

簡單來說，ＢＬ是以女性觀點來描繪她們的情慾妄想、幻想或望想，在這「女性專屬的空間中」並不處理男性的情慾和看法，這是事實；但這不代表同志族群不能借鏡ＢＬ文本來建構、反思自己的模樣，就如同我一樣。

最後我想說的是，縱使男同志已經有為數不少屬於自己的同志文本，但ＢＬ著實可以替向來只「沉浸」在自己圈子的男同志和異性戀男性多點「反省自身位置優勢」的可能性。

我相信這本書會是你認識腐女及ＢＬ文本的一個很好的發軔點。

看不懂嗎？字典在此！

這不是一本學術書，但在回答「為何女生會喜歡上ＢＬ？」，以及說明腐女文化、性別分析、詮釋腐女經驗時，仍會觸及性別研究的專有名詞。別擔心這些名詞會讓人一個頭兩個大，讓我在此一一介紹。

在與腐女對話時，頭頂是否常常冒出許多問號：「她們在說什麼？我怎麼有聽沒有懂？」是第一次或剛入腐門不久的朋友普遍面臨的情況。腐女圈有自己的語言，理解她們的「行話」，就能開啟通往腐界的康莊大道！

性別用語大補帖

父權體制（父權）

指一個將性別二元化，並賦予「男優於女」權力關係的社會體制。通常一個社會被稱為父權，往往具有下列這三個特徵：

男性支配—男性在社會各領域佔據權威的位置，而男性支配也製造了「男高女低」的權力關係。

認同男性—社會文化中預設「好的」、「正常的」價值概念建立在男性與陽剛特質上。

男性中心—社會中心和預設的舞臺是為男性所設計，男人是主角，女人只是配角、背景或有別男性的「她者」。

這樣解釋依然有看沒有懂？覺得隔靴搔癢？讀者可以把這三個概念跟自身生命經驗、日常觀察做結合，用「**代入法**」及「**消去法**」試著對身旁的一些「男女大不同」的說法做性別上的翻轉和省思，例如報章雜誌的報導、親朋好友的婚喪喜慶、朋友的言行舉止，把當中指涉「男性」或「女性」等性別的稱謂代換成另一性別，或者故意把性別模糊化、中性化，如果有讓你腦海浮現「感覺……有點怪怪的」這念頭時，那你很可能就抓到父權的狐狸尾巴了。

更簡單方式的是假想自己的人生正以「另一性別」的身分過活，試著想想光是「生理性別」的更動會對你這個「人」活在這「社會」中造成何種影響，想必就能讓你產生最「切身」的感受。我想，答案就在妳或你的生命當中。

我用最淺顯的方式來講解這個概念，有興趣深入鑽研的讀者可以參考《性別打結——拆除父權違建》一書。

異性戀中心、異性戀預設、強制異性戀

如果你已經搞懂父權是什麼玩意，那麼標題這三個概念應該可以駕輕就熟。延續父權其中一個特徵「男性中心」的概念，**異性戀中心指的就是社會上認定的親密關係就只有異性戀——是主角、也是標準——其他性取向及性少數者皆是偏離標準的異類。異性戀預設講得則是從大至法律、體制的規劃設計，小至日常生活的人際互動，我們都習以為常的預設「所有人都應當是異性戀者」，並據此預設來看待他人並與之互動。強制異性戀指的則是所有人「必須是」異性戀的身分，非異性戀者除了受到制度性的歧視外，還必須面對烙印在身上、如影隨形的汙名。**

簡單來說，我們常說的「恐同」（同性戀恐懼症）便是上面三者的產物之一。事實上，某些腐女選擇隱藏自己的興趣，而不願意讓父母或親友得知自己喜好ＢＬ的興趣，很大程度就是這三個觀念所致；喔，當然還別忘了父權這玩意。

情慾

「問世間情為何物？直叫人生死相許。」這句話想必大家都耳熟能詳，然而多加上一個「慾」字變成「情慾」後，很多人會倏地愣住，但馬上被恍然大悟後的會心一笑給取代。

是的，這兩個字跟性有關，但卻不等同於性。

一言以蔽之，所謂的**情慾**，**涉及的是人類對親密關係的想像**、**慾望**、**行動和隨之而來的感受——不論是心理或生理層面**。因此，情慾當然跟性以及它帶來的愉悅（每次只要看到這兩個字……我就會想到 Fate 裡面的金閃閃，嗯……果然以前掉的坑還沒填平）、慾望、幻想有關；然而，情慾兩字所描繪的廣度和深度卻遠超過性這個字所指涉的意涵。

你是否有跟許久未見的好友擁抱並喜極而泣的經驗？或是跟他人交心並坦然透露自己脆弱而落淚時，對方給你的支持及關懷讓你產生被愛、被重視的感受？這種從關係的親密中升起的滿足感未必跟性有所掛勾，也並非只發生在伴侶關係當中（不論是什麼性取向），但它確實屬於我這裡所說「情慾」的範疇。

書中頻繁使用這兩個字，不單因為ＢＬ文本就是以描繪男性之間「同性愛」關係為主的文本，俗稱的「肉本」則是用赤裸裸的性及身體，來作為祭祀「關係和愛」的牲禮。事實上，正因為兩者的並存才能滿足腐女們永不妥協的慾望。三浦紫苑在《腐興趣不只是興趣》說：「喜好Boy's Love的讀者還真是罪孽深重的貪心生物呢！貪婪的性愛野獸無法滿足他們，但只是述說戀愛的木訥書生又無法讓他們滿意！」或許我們可以說，當腐女們拿到夢寐以求的新刊時，名為情慾的野獸早就在內心蠢蠢欲動、試圖脫籠而出！

那麼，對腐女們來說，什麼時候可以深刻感受到「情慾」的存在？我想那便是看到醉心的CP有曖昧的互動而產生怦然心動的感覺，甚或見到可以妄想的情境而露出淫笑的表情吧！

酷兒閱讀與悅瀆

我突然後悔在這裡打上「酷兒」這兩個字，畢竟這二個字的理論概念遠比前述幾個來得複雜難解釋……感覺是拿石頭砸自己的腳！但為了對BL的愛，我只能硬著頭皮上了。

什麼是「酷兒閱讀」？談這四個字之前，我們先來談談什麼是「酷兒理論」。讓我們跳過那汗牛充棟的文獻，直接講結論……**簡單來說，酷兒理論的精神不在於強調性別的穩定性和隨之而出的身分認同，更重要的是去揭露、攻訐那些看似真實、穩定性別樣貌的空白和性別化的分明性，以及由強制異性戀所制約、虛構建立而出的性別體制。**

什麼是酷兒閱讀呢？沿著酷兒理論的精神，**酷兒閱讀指的是從異性戀文本中的虛構性和不穩定性中，找到各種流體化酷兒立場的可能性，並從中挑戰異性戀文化所生產的文本。**

還是很難懂？用那麼多學術用語來解釋後，到底BL跟酷兒閱讀有何關聯？讓我用

JUMP系二創的ＢＬ文本做例子，各位應該就能輕易理解了。JUMP裡的作品其內容主軸不外乎強調熱血、冒險、運動和描繪男性之間的關係——不論那是名為友誼、夥伴、競爭對手、敵人或其他各式各樣稱呼的關係。重點來了，想必看到「男性之間的關係」這幾個字，就有許多腐女露出會心一笑或邪惡高亢的咯咯笑聲，就如我訪談的腐女說：

原創作品裡面通常一定會有一個……就是兄弟情超過水平線以上的主線，妳就會死都不會相信這兩個人是兄弟那種，就會有妄想在裡面。（羚）

如同某些腐女所說：「**男性和男性之間的友情，在腐女眼中便是姦情。」這種對男性之間關係的「妄想」和隨之而來的創作及閱讀，便是酷兒閱讀的具體展現。**

還記得那些年，我們追的動漫嗎？在那揮汗淋漓、緊張程度宛如箭在弦上的籃球場，我們發現櫻木花道跟流川楓之間若有似無的情愫。現在，我們則是看著黑子帶著他現任老公火神，回頭打趴奇蹟世代那些擁有彩虹般各色頭髮的前夫們。今日，我們看著《排球少年》裡眾多男角之間「愛的傳球」以及用炯炯有神的目光來「眉目傳情」。

在冒險類的熱血少年漫畫裡，我們看著「男主角們」在那九死一生、充滿危機、陰謀及邪惡勢力的世界中，為了自身理念而不斷與整個世界抗爭；在這漫長的旅途中，他們認識了一個又一個「志同道合」的「男性夥伴」以及「對他異常執著的男性敵人們」。小時候，看著《幽遊白書》裡的仙水和樹兩人消失在黑幕後的二人世界當中，懵懵懂懂的我們只覺得他們真是「好朋友」，長大後驀然回首這部作品時，才發現他們的關係早已「友達以上、戀人未滿？」，而心中那無以名狀的感動轉而被無垠的妄想給取代。現在，我們看著《Hunter X Hunter》裡小傑為了對奇犽的「愛」，而追到他（男）朋友「住滿怪胎家人」的揍敵客宅邸，而奇犽在隨小傑離去前，還跟他父親用血誓打勾約定說：「我一定不會背叛（男）朋友的。」《ONE PIECE》裡的香吉士與索隆為了避免魯夫的頂上人頭被大熊當伴手禮交給世界政府時，兩人前仆後繼、爭相自我犧牲的情景，讓我們體認到男人之間……堅貞不渝的……嗯……愛。隨著《火影忍者》的完結，我們才發現原本與佐助是一對的鳴人，其實是介入佐助跟他哥哥鼬之間的第三者。

的確，這些熱血少年的故事終究有完結的一天（我彷彿聽到有人正在高喊富堅的名子，應該是怒吼聲……），但只要我們心中有愛，妄想就沒有終止的盡頭。

簡單來說，JUMP的作品由於男性角色眾多加上「剪不斷理還亂」的複雜（男性）關係，提供一個讓腐女們妄想的溫床；加上原作對男角之間的關係描繪，在強調男性之間是勁敵或友誼關係的同時，卻留下了情感面向的空白——這個空白讓腐女的妄想得以進駐，並恣意妄為的進行歪讀和幻想，縱使這些原作可能非常異性戀中心、男性中心，且裡面的男主角們往

往是道道地地的異性戀者……。

讓我們拿開妄想的濾鏡，重新看看那些我們不願面對的真相。在原著中，《火影忍者》裡的佐助、鳴人、鹿丸、祭等男性角色都跟諸位女角結了婚，還有與他們彷彿同一個模子刻出來的孩子。在原著中，《ONE PIECE》裡的香吉士是道道地地只愛女人的異性戀男性（喔……除了飛到人妖島那段時間外）。在原著中，《青之驅魔師》裡的兩個雙胞胎兄弟——燐和雪男——都對詩繪美有著若有似無的情愫和好感（對了，那個有著一頭艷麗粉紅頭髮的志摩也是個超愛女人的花和尚，喔！還有，青驅是我私心加上的，並非是JUMP的作品）。類似的例子可以無限舉下去，只要你願意翻開原著來看的話。然而有趣的是，這種跟原著角色性取向設定「反其道而行」的妄想，讓這些男主角們在BL中無可避免、義無反顧的愛上同性，並反過頭來挑戰原著中理所當然的異性戀預設。

事實上，腐女們這種BL式的妄想便是酷兒閱讀的展現；也就是說，在她們閱讀原著的同時，也在異性戀預設的文本中尋找、挖掘隱藏在其中的酷兒情慾——模糊化性取向認同，並反過來質疑異性戀中心，從而生產出一套特有的BL式敍事結構。腐女們在玩弄男男之間的曖昧情誼時，也用既「悅」且「褻瀆」的方式來挑戰強制異性戀的虛假，並從中得到「閱讀／悅瀆」的樂趣。

ＢＬ、腐女圈的專業術語

ＢＬ

由女性創作、女性消費的文本，並從女性的觀點來描繪男性之間「同性愛」的文本。（因為這句話很重要，所以我要一再重複告訴你。）在日本和歐美也會用 Yaoi 來指稱這類文本，而日本也會用日文發音近似的８０１三個數字來表示。題外話，如果你要在歐美網站尋找ＢＬ的相關資訊，用 Yaoi 當關鍵字搜尋會比ＢＬ來的有效得多。至於華文圈，則是另外發展出「耽美」一詞來指涉這類描繪男男之間同性愛的文本。ＢＬ跟耽美兩詞，很多受訪腐女接觸的文本已經很難被二分為是哪一類，因此書中一律使用ＢＬ。

攻（Seme）、受（Uke）

ＢＬ文本裡最重要的兩個概念，卻也是最見人見智、涉及個人化喜好和爭議的部分。（想必喜歡二創同人的腐女一定有跟同好爭論過誰是攻、誰是受的難解經驗……。）以往認為攻方比較陽剛、主動，受方比較陰柔、被動的概念，在今日已經有所鬆動和轉變（但不可否認的，許多早期ＢＬ作品的攻受形象非常分明），而腐女們對攻受的喜好也跟著更多元化，個性的強勢、外型、身材和性別氣質陽剛或陰柔與否，未必能成為判定「誰攻誰受」的線索。

目前最一般性說法，攻方指的是性行為中當插入方、1號、Top的人；受方指的是當被插入方、0號、Bottom的人。

CP

Couple的簡稱，在腐女同好之間是用來表示自己喜好、偏愛的攻受配對，這也是腐女們最容易踩到彼此雷的地方……。（雖然我也有個人偏好的屬性：熱血笨蛋攻／受或是溫柔攻、強受，但基本上本人是所有CP皆可逆的無節操雜食類型，只要劇情架構合理我就可以通吃。）

H

源自於日本詞彙Hentai（日語變態的發音）而來，大多用來代表色情的意思，在BL文本中則指性愛場景的描繪。「激H」則代表性描繪非常豐富或是特別強烈的作品。

肉本

顧名思義，肉本指的就是「青春肉體很多的本子」，換言之，也就是性愛場景描繪頗多且露骨的BL文本。

二次元……泛指所有以動畫、漫畫、小說、影音、遊戲等方式所創作的ＢＬ文本。

三次元……人所存在的真實……嗯……現實世界，但在ＢＬ脈絡和腐女同好之間用語上，又可以指涉那些三次元的妄想或ＢＬ文本。（例：腐女問另一個腐女：「妳會萌三次元的嗎？」）

妄想、ＹＹ……類似腦內小劇場的概念，簡單來說，當腐女看到會讓她怦然心動的男男互動場景時（不論是二次元或三次元），腦海中自動腦補的畫面及劇情便是所謂的妄想。

ＧＬ……泛指女女戀和女性之間同性愛的文本，也稱之為百合或Yuri。

ＢＧ……泛指以男女之間戀愛為主題的文本。書中參與訪談的腐女用語上，大多指少女漫畫、言情小說等以異性戀愛情為故事主軸的文本。

同人誌、二創、同人本⋯⋯⋯⋯⋯⋯⋯⋯⋯⋯⋯⋯⋯

在ＢＬ脈絡中泛指將原著男角拿出來配對的二次創作作品，一旦跌進這種坑，往往會陷入花錢如流水的薄本地獄⋯⋯雖然眾所皆知，但當事人為了愛仍然會義無反顧的乖乖交出荷包。

ＨＥ⋯⋯⋯⋯⋯⋯⋯⋯⋯⋯⋯⋯⋯⋯⋯⋯⋯⋯

Happy Ending的簡稱，指該ＢＬ作品的結局是否為有情人終成眷屬、皆大歡喜的結局。（參與訪談的腐女們，大部分的人都比較偏愛ＨＥ的作品，而不太喜歡ＢＥ結局的作品。）

ＢＥ⋯⋯⋯⋯⋯⋯⋯⋯⋯⋯⋯⋯⋯⋯⋯⋯⋯⋯

Bad Ending，對應ＨＥ，指壞結局、有情人沒成眷屬的作品。題外話，關於大部分腐女們不喜歡看ＢＥ作品的現象，很值得深入探討和分析。

其實ＢＬ和腐女所使用的「行話」遠比我所列的來得多上許多，特別是對攻受的屬性分類上更是五花八門、目不暇給，有興趣的可以多接觸其他腐女、逛逛ＣＷＴ以及到ＢＬ相關論壇滾一滾，應該不出幾日就能有豐碩收穫。

PART.1
女性為何會喜歡上 BL ？

「女性為何會喜歡上ＢＬ？」這是個大哉問！真要細說的話，可能花個三天三夜都講不完（如果你剛好訪談到跌進深坑的腐女，可能會得到一堆充滿喜悅的尖叫聲當背景音效——特別是聊到讓她跌坑的作品或是ＣＰ。）在回答這問題前，我們先轉頭看看同屬「女性創作、女性消費」的女性向ＢＧ作品——以描繪關係及男女戀愛為主題的少女漫畫及言情小說——出了些什麼問題，為何會讓許多女性讀者走上「棄ＢＧ投ＢＬ的懷抱」的道路。

開始前先再次強調，文中所說的並未指「所有」的腐女皆是因為對既有ＢＧ作品的厭惡轉而喜歡上ＢＬ，我訪談的對象中也有腐女是ＢＬ、ＢＧ、ＧＬ皆吃的類型。然而訪談發現，**許多受訪的腐女們經驗都有如此相像之處——對市面上以戀愛為主題的ＢＧ作品有所批判和反思，這樣的現象便值得討論和深思。**

父權下的BG：僵化的異性戀愛情腳本

我原本就不喜歡看少女漫畫，覺得少女漫畫都一樣啊，好無聊。可能以前剛開始看的時候覺得還蠻好看，可是久了就覺得劇情都一樣，男生很帥、女生都是小鳥依人的感覺。（岑芳）

我國中那個時期的BG作品，大部分都是要處心積慮去找一個好男人把自己嫁掉，那種的通常我看不太下去，而且裡面的女角也脫離不了女生就是要有女生的樣子。（羚）

少女漫畫很少有我喜歡的類型，言情小說的女性永遠都是弱者，只能當男人的附屬品，然後男主角都很高強，所以都是男生寵女生。（泳茵）

言情小說裡面都很美好，路邊總裁多到會被掉下來的招牌砸死。（N）

各位讀到N說的話時，是否跟我一樣噗哧一聲笑了出來？縱使離當初訪談已間隔許多年，但每當我看到這句話依舊不自覺的狂笑。事實上，這句話不單只有N說出來，類似的話我也從其他腐女嘴中聽到，差別只在於「總裁」這兩個字被往前、往後移到其他位置或背景罷了。

腐女甲：「言情小說裡面的CEO多的跟河邊的小石頭一樣。」

腐女乙：「天上掉下一個花盆都會砸到一個總裁。」

腐女丙：「如果現實跟小說一樣，那麼臺灣的總裁就是滿街跑了。」

腐女丁：「小說裡女主角如果遇到車禍，從車上走下來的不是總裁就是黑道老大。」

喔，對了！我忘記還有黑道老大。

所以如果哪一天我想找總裁或黑道老大當男友……我應該進到言情小說裡面找會比較快。

Why？為何許多腐女閱讀BL作品的經驗和感想會有這樣的相似性？相信聰明如你應該已經從開頭的標題找到答案，是的，造成異性戀愛情文本「總裁滿街跑」的罪魁禍首便是它：父權體制。

在BG文本中，我們可以看到男女主角分別站在兩個權力不對等的位置——總裁v.s工讀生、黑道老大v.s鄰家女孩——而故事發展主軸是女主角在殷殷期盼下，等待命運中的白馬總裁、黑道老大把她拉上馬或轎車，載著她躍上那命中注定的真愛之旅……咳嗯，再繼續妄想下去，我想Bony所說的實話，應該會一棒把我們給敲醒。

因為我是長女，而且我又念女校，所以在女校裡面沒有什麼東西是分男生跟女生，因此，我很瞧不起那種裝女生姿態要男生幫忙的女生。我覺得如果妳需要人家幫忙就開口講沒關係，但很多的BG多半都是這樣，裡面的女生多半都是那種很可愛、長髮、柔弱，一般來講妳愛看這些東西的話，是不是會對愛情這些東西有一種憧憬？可是我沒有，我得到一個結論就是：妳永遠不可能是小說的女主角、妳身邊的男人也不可能是那個男人，所以與其在那邊做夢，不如看清現實。

（Bony）

我要特別跟各位異性戀女性讀者呼籲，請別因此對自身的（異性戀）愛情失去信心。造成問題的並非妳的異性戀身分，罪魁禍首是我們身活在其中的父權社會。在父權強調男性支配、男性主動等潛規則影響下，異性戀的親密關係被迫在「男女有別」的枷鎖中侷限它的可能性——一個更為平等、民主化的親密關係。這個規則不單只在三次元的現實世界影響我們，更進入BG作品中將女主角刻畫成一個被動且等待男主角「拯救」的「弱者」，這類「英雄救美」的僵化劇情設定是受訪的許多腐女排斥BG的主因。

雖然不能一竿子打翻整船人，但我覺得言情小說的套路幾乎都一樣的，就是「認識、親親抱抱、H、可能有吵架、和好」，H可能會往前移，不過劇情都很固定僵化，而且很難看到女主角是獨立的。（貓貓）

我討厭BG漫畫中的花瓶級女主角，就因為她傻，男主角就喜歡她，這不是很不合理嗎？這種善良天兵（註：指女角）還不如養小狗算了，而且這種女主角都很脆弱又做作，連走路跌倒男主角都覺得她很可愛，或是喝水都會淹死自己。（雅典娜）

當BG作品將男女之間的愛情綁上「男高女低」的規約後，除了嚴重影響女主角本身於劇本中的能動性和獨立性外，更僵化了整個異性戀腳本的發展，腐女們在閱讀這些BG作品時，就會產生「既視感」——眼前描繪的劇情好像以前就有看過的感覺。

BG作品中最讓腐女詬病的原因有三個：男強女弱的角色設定、一成不變的異性戀愛情腳本、男女性別的刻板化。事實上，這三個理由互為辯證的關係。在BG的劇情設定當中，男主角十八般武藝樣樣精通，如果女主角不是因為遇到男主角而「麻雀變鳳凰」或「鹹魚大翻身」，就算在家世、能力或學歷背景等上面擁有傲人成績，但在男強女弱的異性戀腳本下，都要「相較性」的低於男主角。這種對女角的弱勢設定，讓許多腐女有非常強烈的不滿。

> 那個公式就是男生一定是高大帥有錢，女生就一半一半，可能是有錢或沒有錢的居多，可是她們的性格都是比較依賴的，比如說男生可能是總裁，全公司只有他最大，可能女生是工讀生或者是一個經理或什麼之類的，但是她們都會不約而同做出一些愚笨的事情讓男生來救她，都會有這種情形。（蚊子）

這種藉由「露出破綻、表示依賴而獲得男性青睞」的「小女人」鐵則，就如同張娟芬在〈「人盯人」式的父權〉一文所說：女性唯有低著頭、壓低姿態才能進入一段異性戀關係當中，一個獨立自主有能力的女性要獲得男性的青睞，必須替自己留下一些破綻和示弱的姿態，藉機讓男性「幫忙」，她的愛情才可能「修成正果」。也因此，在父權框架下，異性戀情慾的基礎讓男性變成征服者和主導者，而女性則基於情慾產生依賴和被保護者。由此看來，BG的女主角最後一絲希望也就順理成章的寄託於愛情當中，藉由和男主角之間的愛情是否成功當作整本作品的核心價值和故事命脈。BG的敘事被迫只能按照「男強女弱」的準則照章行事，進而限制文本發展的多元性和可能性，因此幾個在看BG作品的腐女只能以「自力救濟」的方式尋找異於傳統BG的作品，Tiff所提到的「女尊文」就是最好的例子。

Tiff：我喜歡女主角是強勢的或者是聰明的，如果女主角太軟弱我會很想打她！淡然的女主不錯，而且我媽也喜歡強勢的女主角，她會看女尊文這類的文章也有介紹給我看。

我：女尊文是什麼意思？尊重女性還是遵從女性？

Tiff：女尊文就是反轉男尊女卑的傳統，變成女尊男卑，女人可以三夫四侍，做官什麼的都可以，男人只可以在家不可以隨便外出，有些極端的文章更會寫成男人會生小孩，不過大部分的作者都是寫一妻一夫的，溫馨平淡向的文都是有的。

腐女們對ＢＧ作品的反思和批評，說明描繪男女愛情為主題的ＢＧ文本，是如何因「因男女的性別二分，從而造成不對等的親密關係和僵化的愛情腳本。」對ＢＧ作品的不滿，讓她們尋找可以跳脫這樣桎梏的文本：ＢＬ**是一個將女性主角排除在故事主軸之外，而專**

門描繪男性之間「同性愛」的文本；當這文本建立在女性中心、從女性觀點來創作且文本中的兩個主角都是「男性」時，父權下既有的「男性支配、認同男性以及男性中心」的影響就被削弱，從而開創了一個專屬女性的天地。三浦紫苑在《腐興趣不只是興趣》中提問：明明是可以用「男女」來替代的故事，卻大費周章地在「男性世界」裡重現，這樣到底有什麼意義？要知道，是作家和讀者想追求有別於男女的「某物」，才讓Boy's Love走到現在的繁榮和深度。

我想，這裡所問的「某物」其中之一的答案便是自由與平等。

另起爐灶！BL更勝一籌

看完前面腐女們對BG作品的批判後，應該也有不少人（包含腐女自己）會疑惑：「BL作品裡面黑道老大也是滿街跑，這現象跟BG作品有何不同？」**事實上，兩者差異的關鍵點就在於「男女」與「都是男性／同一性別」所造成權力關係的轉變**。

泳茵　同性的愛情與異性的愛情模式不同，同性就是比較開放坦誠。

我　妳覺得同性的愛會因為同性反而比較開放和坦誠，那相較之下男女的戀愛為何就比較難達到？

泳茵　因為女人比較被動。

我　被動會有怎樣的影響？

泳茵　因為不說就會產生誤會，被動會永遠不了解雙方。現代的女性開始地位提升，誕生不少女強人，女人會主動出擊。以前才是男尊女卑，女人是男人的附屬品，看ＢＬ還另一個原因，因為不會看到女人永遠是弱方。

……………………………………………

如果說，女性在父權下的異性戀親密關係中被放置於被動、弱方的位置，**那麼就如泳茵**

所說，一個「都是男性擔當演出」的文本，便能讓她不要再次看到女性「永遠是弱方」。BL將女性排除在劇本之外，讓父權下因「男女大不同」而產生的權力關係不得其門而入，**也得已跳脫「男高女低」的權力關係，從而讓故事中的劇情發展有更多的可能性。**

南野優宇……以前BG小說最常出現就是總裁配上貧窮小女孩那種。

怡君……不然就是小說世界中傻妞遇到總裁。

南野優宇……不然男主角就是黑道老大……反正男生一定是非常有權有勢，女生永遠都是默默無聞，會被欺負的那種女主角，然後男主角挺身而出，看到後來就不想看了。

我……所以相較之下妳覺得BL比較不會這樣？比較多變？

南野優宇……因為男生跟女生兩個本身在小說設定中職業就不一樣，可是如果是男生對男生，就不會說誰為了誰挺身而出、誰一定是黑道老大、誰一定默默無聞那種，有可能是身分相對的兩個黑道老大。……

言情小說大概脫離不了釣金龜婿的感覺，ＢＬ會比較多就是男主角可能只是社會裡面的小螺絲的感覺，比如說你也是上班族、我也是上班族，或者你只是哪裡的職員，然後他也還只是個大學生，或者兩個人都還在發展。（羚）

在原本強調「男高女低」的ＢＧ文本——不論是社經地位、職業等，在轉變成兩個都**是同性別的ＢＬ時，同為男性的狀況下便能跳脫主動／被動、保護／與被保護等因男女性別差異而二分的角色設定，從而讓兩個男主角的權力關係相較於一男一女的ＢＧ更來得關係對等**。想必也會有人反思或反駁：「ＢＬ裡面也看得到強攻弱受等延續ＢＧ男女主角『男高女低』模式的作品，這樣又要如何解釋呢？」

早期的ＢＬ與創作這些作品的女性作者是按照自己的想像和揣測去描繪「男性之間的戀愛關係」（真的下功夫去理解男同志文化後，再來進行寫實創作的作者是相對性少數），而她們（異性戀）女性的身分位置和角度，無可避免讓某些作者將自身或社會上的異性戀想像代入到作品中的兩個男主角身上，產生攻——外型陽剛，扮演異性戀中的男性身分；受——外型陰柔，扮演異性戀中的女性角色這樣的性別劃分。而且攻受兩人在劇情中也彷若BG中男（攻）擔任保護者，女（受）擔任被保護者的角色設定。的確，這樣的現象在早期商業誌BL漫畫隨處可見。反觀現今的商業誌以及二創類的BL作品，則可以看到許多反例，以我最愛的BL漫畫家腰乃為例，她許多作品就很難單從外貌或身高來判定誰攻誰受。縱使這對CP延續攻陽剛、受陰柔的角色設定，也不代表作品中他們之間的親密關係是權力不對等的，更何況當今攻受的屬性已經出現多元化樣貌——弱氣攻、強受、互攻可逆、大叔受、年下攻等類型。此外，加上二創類BL作品興盛的影響，讀者們對兩個男角攻受偏好上的差異更加快「強攻弱受」這種設定的鬆動和崩解，以我前幾年跌坑的《影子籃球員》的主角黑子哲也為例，他在眾多男性角色裡相對沒那麼陽剛，而剛開始有他在裡面的CP配對同人本也幾乎都是他當總受。隨著參與創作的腐女越來越多，市面上開始看到黑子當總攻上現任老公和其他前夫的本子，題外話……青X火或黑X火真是太棒了！火神當受超可愛的！青峰當受也很棒！……%&*(!@#$%^。

總而言之，花這麼一大段篇幅岔出來談強攻弱受的主題，**無異是想點出一件可以預想到的未來圖像——隨著BL文本的興盛和不斷向前邁進，攻受的組合及樣貌只會越來越多元化，而不會只停留在強攻弱受的單一組合。**

回過頭來談，ＢＬ除了因為都是「男性」而免除了ＢＧ文本「男高女低」的性別框架外，它更藉由「同性愛」的故事主軸來反諷愛情文本裡的異性戀中心思維。在破除強制異性戀的故事腳本同時，也讓「愛」有了不一樣面貌，並藉由中挑戰社會裡的「恐同」思維從而彰顯愛不分性別這核心價值：**真正的愛是能跨越性別障礙和社會觀感的。**

他們兩人可能一方特別喜歡對方，另外一方會因為社會上對同性戀的看法啊，可能會躲避或者是勇於面對，有些還滿感人的，而且他們有些結局也不一定是Happy Ending，有些可能是兩人最後分手或離婚，或兩人因為大家的看法、家長的觀念，就沒有在一起……因為他們已經突破自己的心防，願意跟對方在一起，願意為對方付出，就覺得這樣很好。（雞蛋）

ＢＬ畢竟還是不屬於正常向，所以還是會有一些會畫在意外界眼光，或者是受方或攻方一開始不相信自己會去喜歡男的，或者是不願意承認，那種比較有可能，那就是ＢＬ特有的劇情。（Rita）

ＢＬ劇情常常有這種懼怕社會觀感而不敢袒露的，看久了以後似乎連自己也被感化，覺得愛不分性別。（Gusa）

很少人會贊同男男戀啊，所以反而覺得那樣更浪漫。大家不是都會歧視男男戀嗎？都會反對，可是因為反對而在一起，就讓人感覺很浪漫。（螃蟹）

我想我很羨慕男男之間的友誼吧，那種突破自己心理障礙再到突破世俗眼神的愛情，不是很耀眼嗎？我喜歡心理堅強的人。（雅典娜）

我喜歡ＢＬ是因為它描寫的是有影響力的愛情吧，有些ＢＬ內容十分沉重、黑暗，到最後大團圓結局，那種感動難以形容。（そう伊達廚）

如果同性之間的愛戀仍然被視為社會上的禁忌，那麼創作和閱讀禁忌之戀的同時，也會帶來反叛的快感和自由——讓愛得以脫離桎梏並展現它多元的樣貌。**我們可以說：正是女性作家和讀者想追求有別於父權和異性戀規範的「愛」，才讓ＢＬ走到現在的繁榮和深度。**

消失的女性：BL文本的排女主義

還記得我剛接觸BL沒多久，內心就冒出了這個疑問：為什麼整本漫畫通篇看不到一個女性？縱使作品是一般現實社會的設定，但出場的女角要不是少之又少、擔任無關緊要的角色外，不然就是根本不會出現。以我多年前玩的由未來數位公司代理的BL Game《少年理想國》為例，裡頭就明文講到女性是進不去男主角們所在的世界，這種設定很明顯是刻意將女性角色排除在外。有鑑於此，我想要回答下面這兩個問題：在BL作品裡出現的女性扮演怎樣的角色？女性的消失跟BL的核心——男性之間的「同性愛」關係——有何關聯？

腐女們對此怎麼回答呢？

我覺得女性角色會變成大家的頭號敵人，是因為通常都是男男相戀嘛。男男相戀有另外一個女生跑進來，就可能變成他們兩個中間的阻礙，這些女角不是

作為劇情發展中間的一種阻力，就是攻和受之間的單純好朋友。（喵喵）

女生都是炮灰啊，根本就是路人甲、打醬油的，除非她是腐女來幫忙他們戀情的，不然就是工具，用來讓小攻或小受吃醋的，雖然這個令她們吃醋的角色男生也可以。或者本來就是同性戀的那個人，會因為另外一方本來是異性戀，因為女生而吃醋，這種情況也是有出現過，在某一些漫畫裡面。（怡）

我反而喜歡出現在ＢＬ世界裡的女性呢，通常她們都很純真，而且多數出現在ＢＬ裡的女性通常會扶小受一把。（そう伊達廚）

一般打醬油的女生角色倒是還蠻常看見的，這些女生不會直接涉入兩個男生的戀愛，而是在一旁起到了推進劇情的角色，比如開放的媽媽、媒婆或是發展另一支線的女主角。（貓貓）

女生通常是炮灰用的，不然就是催化劑，因為我覺得那不是一篇文的重點，所以就會被省略。（夏燁）

我　為什麼ＢＬ當中很少出現女性角色？

羚　因為那不是重點啊！ＢＬ不就是用來看男生用的嗎？對一般女孩子來講，不就是用來看男生的嗎？不只是看它同性戀的部分，而是看其他男性的部分。

我　外貌嗎？

羚　都有，就是看它設定的男生這樣子，它所設定出來的男生，會比較符合女生的想像，大部分ＢＬ作者也都是女生嘛，所以基本上這裡面的男生通常都是女生想像和理想中的吧！比較符合女性所投射出來的男生的形象，所以幹嘛要畫女生？比較少啦。

ＢＬ當中的女性角色處在一個尷尬和曖昧的位置，對於以男男戀為中心的ＢＬ作品以及腐女們而言，女性在裡面「望想」的是她們想要的理想男性以及同性愛關係，女性角色因此變得無足輕重。此外，女性的置入及相對應的劇情安排對於描繪同性愛的ＢＬ作品來說是一種「燙手山芋」的存在，以單行本的漫畫和小說為例，如果女角的篇幅所佔的比例過大，必然會壓縮到作品中描繪兩個男角的空間，當然更不用說薄薄的二創同人本了，因此大多數ＢＬ作品會盡可能降低女性角色的出場或重要性。至於在**ＢＬ中出場的女角，就如許多受訪的腐女所說，大多被編派為三種角色：一、路人，只是跑龍套，所謂的「打醬油」角色；二、扮演世俗的障礙或考驗，在劇情中介入兩個男主角關係的第三者——未婚妻、原女友、追求者；三、協助者或親友的角色，在攻方或受方的戀愛道路上幫忙或打氣的好朋友。第三種角色對許多腐女來說其實就是「腐女化」的女角，也就是在ＢＬ作品中樂見、促成「男男戀情」的重要推手。**

總而言之，**女角之所以會消失於ＢＬ作品當中或是被編派為上面三類角色類型，最根本的目的乃在於避免女性角色干擾、介入甚或破壞兩個男性角色的戀愛關係，這樣的現象我稱之為「排女主義」——在ＢＬ作品中盡可能排除任何威脅男男戀的女性，不管是降低女角的出現抑或是安置在三類角色範疇當中，「排女主義」將女性隔絕於ＢＬ的主軸劇情之外，進而維護了ＢＬ中男男戀的完整。**

行文至此，我想起訪談那段時間《影子籃球員》裡的桃井五月和《歌之王子》裡的七海春歌兩位女性角色，她們兩人在原著裡的共通點便是身在宛如「逆後宮」裡的珍稀女角，兩人也因此在ＢＬ社團裡被許多腐女給攻擊的體無完膚，除了常見的「賤人」、「妳根本配不上小黑子！」等指責外，還有許多刀刀見骨的言語攻擊。

在我們唱起「女人何苦為難女人」或是質疑這是「厭女情結」的展現前，我們必須先回過頭問這兩個問題：為何女性角色的出現會影響ＢＬ作品的男男戀？甚至成為許多腐女的頭號敵人？**其實排女主義的對抗目標並不是ＢＬ作品中的女性角色，而是滲透於社會／文本內外的「強制異性戀」——將男女之間的關係強制性的和異性戀關係畫上等號，進而隱藏或消滅同性戀關係——這點才是排女主義要試圖去抗拒的對象。**

關於強制異性戀對ＢＬ作品的威脅，我們先來聽聽腐女們怎麼說。

Tiff

有些男男生子的文章就沒有女生啊，或者女生已經滅絕了！除了覺得描寫男人的世界比較好處理，不過也可能是因為不滿現實世界很多人對同性戀有歧視的傾向，所以在創作的時候，如果描寫只有男生可以存活的世界，同性戀自然可以順其自然地發生，畢竟文中的女生都認同或贊同ＢＬ的話也太假了吧。

我……所以就是藉由沒有女生的世界來完成所謂BL的戀愛？

Tiff……對對！讓他們在沒有歧視的世界幸福的生活下去，這是身為腐女的善良吧。

基本上我們腐女就是喜歡看男男啊，有些作品不是會直接把背景設定成男男相戀是OK的，或是整個世界都是男的，我是覺得說她只是想要在文章裡面找不被現實世界所認可的東西，因為現實世界沒有這種情形，所以她想要創造一個她自己喜歡的世界。（小蒼）

我……妳們有沒有想過BL作品中為何很少出現女性角色？

岑芳……會不會是她們想要把BL正常化，感覺好像在BL漫裡面，男男相戀是一件很正常的事。

Rita……對，大部分ＢＬ漫畫裡面，即使那個受或攻本來是正常向、異性戀，但是都很容易就去接受自己是同性戀這件事，所以我覺得應該是因為她們想要促成兩個男人的戀愛，而且也比較想正常化這件事情吧。

我……正常化是說……被視為很理所當然，很自然的？

Rita……對啊，所以我覺得應該是這樣，才不會有太多女角介入吧。

創作者／腐女們其實都深知同性之間的愛戀在當今社會仍是不被讚許或認可，因此藉由ＢＬ創造出一個排除女性而只有男性存在的世界；原本在強制異性戀下被隱蔽、禁聲的同性關係，就可以很「自然」的納入愛情的可能性，進而「理所當然」的發生戀情，就如Tiff、小蒼、岑芳和Rita所說：「如果描寫只有男生可以存活的世界，同性戀便可以順其自然地發生」、「想要把ＢＬ正常化，感覺好像在ＢＬ漫裡面，男男相戀是一件很正常的事。」、「只是想要在文章裡面找不被現實世界所認可的東西。」、「促成兩個男人的戀愛。」

為了「正常化」和「合理化」男男戀，排除女性的參與乃是必要的手段。然而，女性為何是男男戀「自然化」的最大阻礙呢？就讀人類學系的鴨鴨於訪談時點醒了我，讓我開始思考在將性別二元化的父權社會裡，當「女性」作為一個有別於「男性」的性別，到底會對ＢＬ作品造成什麼樣的威脅。

我覺得ＢＬ的特色就在於沒有性別，因為只有一個性別等於沒有性別。男生就是要有女生在，男生才會叫做男生；一定要有男生在，女生才會叫做女生，所以我會覺得說完全沒有女生出現的話，比較可以維持沒有性別這樣的平衡吧！（鴨鴨）

許多ＢＬ作品排除女性的主要目的就是試圖讓男男戀「自然化」。ＢＬ中的「男性」已經和強制異性戀下的「男性」的意義產生了質變，原因在於它沒有對立於「男性」的「女性」存在，如同鴨鴨所說：「ＢＬ的特色就在於沒有性別，因為只有一個性別等於沒有性別。」也就是說，當ＢＬ作品建立起一個只有男性出場的世界時，「性別」兩個字的根本概念會隨著差異的消失而被消融，當「性別」的概念被排除和忽視之後，ＢＬ中的「男性」就能「自然」的和其他「男性」建立起親密關係，因此奠基於「性別差異」的強制異性戀被迫於ＢＬ作品中撤退，進而讓男男戀有產生的可能。**「女性」便成為ＢＬ作品中的潛藏威**

脅——虎視眈眈的強制異性戀的象徵。

雞蛋　男男接觸久了，現在我的觀念是一個人可能愛上女生或愛上男生，這是沒有特別限定的。所以對我來說，男生愛女生已經太平常了，所以我就想看比較稀少的男生愛男生。因此BL作品裡面一有女生進來就好像在破壞他們兩人的愛情，他們的愛情已經很脆弱、很少人在支持了，女生又來搗亂！如果那個人其實愛你，但只是因為社會上的眼光或倫理道德就放棄他真正愛的人跟那個女生在一起，我就覺得那個女生很邪惡，只要BL出現女角或BG的話，我覺得那些女生都是一種撒旦的邪惡根源。

我　所以妳覺得BL作品當中要是出現女角，通常她就是一個潛藏的威脅，可能會破壞裡面男角之間的戀情？

雞蛋　嗯，對！

在試圖「正常化」男男戀的ＢＬ世界中，「女性」作為一個深具威脅的存在不只打破前述「單一性別」的ＢＬ框架。更重要的是，「女性」的出場無可避免的將「性別差異」、「強制異性戀」帶進文本當中，如同雞蛋所說，ＢＬ式的妄想在異性戀霸權下是非常脆弱易碎的，某種意義上來說「它」（男男戀）就是處在「溫室」（ＢＬ作品）中的花朵，一旦離開這個溫室，它的存在和立基點就會被「颱風」（強制異性戀）給破壞殆盡。也就是說，問題並不在於「女性」這個概念，而是它帶來的「差異」從而讓男性與女性對立分別開來，而強制異性戀才能從中「作梗」並威脅到ＢＬ作品中的同性愛劇本。**由此不難理解雞蛋為何用如此強烈的字眼——撒旦、邪惡——來譴責出現於ＢＬ作品中的「女性」。她要控訴的並非現實社會中的「女性」**，而是前幾行引文中所欲言命名的強制異性戀。

「排女主義」所要對抗的並非「女性」，而是「女性」所攜帶／引進來的「差異」和「強制異性戀」。對ＢＬ這個男男戀得以用「自然」和「正常」姿態存在的桃花源來說，「女性」仿若陶淵明在《桃花源記》中發現桃花村的漁夫，縱使漁夫／女性沒有惡意，然而他／她的存在卻無可避免的帶來現世／強制異性戀所暗藏的威脅，因此漁夫／女性被排斥於桃花源／ＢＬ之外，從而維繫了桃花源／ＢＬ的完滿狀態。

也許，當哪一天父權和強制異性戀都消逝無蹤，主流文本也隨處可見「非異性戀」的愛情模樣時，ＢＬ就會理所當然的存在我們日常生活當中，也不再需要排女主義這個守門員來免於「女性」的威脅，因為不論是愛上男性、女性或其他性別都是很自然、美好的一件事。

安全距離與曖昧的旁觀者位置

各位是否有過類似的經驗：小時候我們會羨慕動畫中的主角能夠施展魔法、四處去冒險而不用到學校上課、希望自己有隻機器貓朋友從四次元口袋拿出各式各樣的神奇道具……。在冒出這種念頭時，我們其實也在精神及情感上跨越了二次元跟三次元的界線，將自己融入那充滿幻想和綺麗色彩的國度。被作品感動和吸引的同時，這樣的「愉悅經驗」（我腦海中再次浮現金閃閃那目中無人又傲嬌的樣子……Orz）也讓我好奇，腐女們在消費和創作BL作品時，是否會將自己投射在攻受角色當中？抑或是以旁觀者的位置來觀看BL作品？

絕大多數的腐女在受訪遇到這提問時，開頭都會聲稱自己是以旁觀者的觀點來閱讀BL，但在訪談過程中，卻會突然冒出「有時候希望自己是受，然後……。」或是「某某CP的受超可愛的！好想當攻把他給吃掉。」等看似矛盾的言論。

這樣的現象，我稱為「曖昧的旁觀者位置」：腐女的旁觀者位置是由「排女主義」與「投射作用」這兩個不穩定且衝突的地基所組成；為了不介入和破壞ＢＬ的男男戀劇情，腐女們必須自我排除於ＣＰ組合之外，藉此塑造了一個保持安全距離的旁觀者位置，然而對於劇情、角色的熱愛卻拉進了這個距離，進而讓腐女們投射在攻受男角身上享受ＢＬ式的男男戀快感。在此，所謂的旁觀者位置已經不是超脫於ＢＬ文本或男角關係之外的觀看者，而是貼近於文本跟著劇情、角色脈動一同共鳴的曖昧旁觀者。

那麼問題來了，為何腐女們會聲明自己是站在旁觀者位置？又，處在旁觀者位置來觀看ＢＬ產生什麼效果或功用？來聽看看腐女們怎麼說。

我……妳們在閱讀的過程中，會自我投射到攻方或受方身上嗎？還是當旁觀者？

Rita……不會，我永遠都當旁觀者。

岑芳……我也當旁觀，那樣比較好玩。

我　為什麼覺得當旁觀者比較好玩？

岑芳　可以看到整個發展，兩邊都可以。

Rita　看到他們發展覺得還滿不錯的。

岑方和 Rita 點出許多腐女聲明自己是從旁觀者立場來看BL的樂趣：可以同時看到攻受兩方的發展和感受。也就是說，旁觀者位置讓腐女們得以用視野比較廣的方式來享受BL劇情的發展和描繪，而不會被侷限在單一主角的視野當中。事實上，在許多BG的（異性戀）男性向及（異性戀）女性向戀愛作品中，將男主角或女主角設計成能讓讀者自我投射進入的容器，以供讀者觀看、遊玩的同時享受自己變成男主角或女主角的快感。**BL除了提供腐女一個可供游移並取得樂趣的多元化視角外，將女性角色排除在主劇情外除了能讓BL作品免於強制異性戀的威脅外，女性的消失更讓腐女獲得一個「與自己（女性）沒有關係」的安全位置，並讓自己免於跟文本中的女性產生異性戀關係認同的連結。將異性戀關係從BL文本中去除的同時，除了避免女性彼此之間的同性競爭和忌妒外，女性的消失也讓腐女們不**

會再次看到女性處在ＢＧ作品裡「男高女低」、「被觀看」的位置；此外，藉由這個安全距離以及和男主角性別相異的存在，腐女們還滿足了從旁窺視男男間性行為的愉悅及快感，並從中避免父權下異性戀性行為給女性身分所帶來的威脅。

我……妳有想過為什麼女生會喜歡ＢＬ嗎？

夏燁……我覺得是因為跟自己沒關係耶，ＧＬ跟ＢＧ全部都有女生啊，可是ＢＬ沒有女生啊，就可以看得很開心。

我……因為跟妳沒關係，所以妳可以看得很開心？

夏燁……我覺得是這樣。

我……這個沒關係會造成什麼效果？

夏燁　因為沒關係所以可以放輕鬆看，可是如果是ＢＧ或ＧＬ的話……。

我　妳會帶入那個女角？

夏燁　有可能，我也不知道……因為我ＢＧ很久沒看了，ＧＬ還沒碰過。

我覺得ＢＬ的關係像是自己把自己從中抽離，只當旁觀者不介入，就可以避免「爭奪與被爭奪」，就好像女生喜歡偶像有時會出現那種「〇〇〇是大家的哦，要一起愛護他。」妳如果獨佔就是犯禁忌。（Ｎ）

或許是女性對男性持有好感之情卻又……應該是嫉妒心吧。當女生看到自己喜歡的人與她人互動佳的時候，不由得產生了是否有一腿或雙方關係更深的疑問。（Gusa）

女生對同性會有一點嫉妒，看到那個女生比自己還優秀，然後和優秀的男生在一起會有一點嫉妒。但是我可以接受另外一個男生跟那個男生在一起。完美的男生，喜歡上另外一個男生，而不是喜歡上另外一個女生……反正不是愛上另外一個女生，我就不會那麼嫉妒。（六隻羊）

發文者：「女生是被人騎的，男生是騎人家的。」（看到這句……不小心笑了。）

A：錯，男生可以騎人，也可以被人騎的，而女生只負責看。

B：女生只是旁觀者。

C：女生只要旁觀就好，男人負責被騎＋騎人。（社團）

在BG作品中比較會有投射在女主角的狀況，但是BL就比較是旁觀者來欣賞，因為BL的小受很慘的說，爆菊很痛的，囧。（小妍）

有時候會嚮往有個小受甜甜蜜蜜過日子，或是小攻也可以，不過閱讀時通常是當旁觀者，然後默默地觀察他們H，躲在一角窺視著。（そう伊達廚）

旁觀者位置讓腐女們於閱讀BL作品時，屏除了自己女性身分對BL戀情的影響和介入，並且一定程度限制異性戀慾望和佔有男角的狀況以及隨之而來的同性競爭；在性行為的描繪上，旁觀者位置以及女體和女性的消失提供了一個保持「美／沒／安全感」的慾望化窺探方式，在享／想受男男性行為的快感的同時，也削弱了女性及身體和文本中男性身體之間的關聯，進而免除、保護腐女於閱讀中所產生的不適感。這樣的旁觀者位置，會因為腐女對劇情的投入或是CP角色的熱愛被打破，進而以一個曖昧的旁觀者位置去慾望自己想要得到、扮演的攻受男角。

會想融入他們的角色裡面，如果是那種攻疼受的話，我會希望變成受的原因就是希望被疼愛；如果是變成攻的話，就是那時候可能比較想要照顧人還是怎麼樣，重點是要看它文怎麼寫，如果文是以第三者的角度來看，那當然就以第三者的角度來看。（喵喵）

我……………… 妳看過這麼多BL作品，有想過變成作品當中的男性角色嗎？

Gusa……………… 有啊，這就叫入境隨俗（用法錯誤）。（註：自嘲用語。）

我　所以會想變成裡面男性角色的原因是？

Gusa　也想體驗那種玩弄感情的fu，總覺得讓對方露出點不捨是我很喜歡的方向。至於投射在攻受那個身上，基本上是一半一半吧，看劇情誰走主線。

在看作品時，我都會習慣性的投射在裡面，看什麼我都會這樣，攻／受的話就看我喜歡那個多一點。當攻方是腹黑／鬼畜這類我喜歡的類型，受則是誇受／天然受，因為這類的受都很可愛。（小璃）

在喜歡的CP裡面有羨慕過攻方，比如說我很喜歡《戰國BASARA》的一個角色叫片倉小十郎，我覺得他是受，跟他配對的是他的主人伊達政宗，我就常會說：「喔喔，好羨慕政宗都可以偷捏小十郎的屁股。」之類的。（N）

投射攻／受身上或旁觀者皆有。（綰惜）

有些時候吧……我覺得我的個性比較偏攻，所以真的喜歡攻的角色時候會投射在攻身上。（六隻羊）

有時候看得太投入的話，會投射在受方。（月瞳）

大部分時候是想當受方，但在看《世界第一初戀》會比較想變成高野（攻方）把小律（受方）給吃掉。（御音）

我比較會投射在受身上，喜歡投入的感覺，不過在這過程中不會看悲劇的作品，怕看到會哭。（泳茵）

腐女們投射在攻受角色的狀況是非常多元且異質的，舉凡個人對攻受屬性的偏愛、個人的人格特質影響、喜歡的關係類型、文本的描繪和刻畫是否有引起共鳴、投入程度與否、是否為自己跌坑的CP等等，理由都不一而足。但共通點是在對作品和角色的熱愛下，要腐女完全處在第三者的旁觀位置來閱讀使自己內心波濤洶湧的BL作品，就好比要《ONE PIECE》裡的魯夫看著伙伴大口吃肉，自己卻只能在一旁乾瞪眼是不可能的事情。

這幾年逛ＣＷＴ的同人攤，我發現有些作者畫的高Ｈ同人本開始出現單一男角或是某男角通篇總受配對的狀況，有別於過往單一ＣＰ配對在本子裡的組合。在那薄薄的同人誌裡面，可以看到黑子哲也全裸待機等著他現任老公和前夫們「提槍上陣」，甚至連桃井五月也性轉成男人當起攻起來。更有趣的是，某些本子乾脆捨棄掉傳統的ＣＰ組合，而只有讓作者想要的男角（在肉本裡，通常是放在受的位置）一個人單獨出現，並將性行為時攻方的臉龐模糊甚至陌生人化。整個本子清一色充斥著該名男角的各種羞恥play……。行文至此，每當我看到《Free!》裡真琴遙那暖男臉時，腦海中就會飄過各式各樣讓人臉紅心跳的畫面。……這絕對是某人的錯，還我的節操來（掩面）。到現在，每當在攤子上看到這類肉本時，我心裡都會默默吐槽：「應該是作者或讀者本身想把這男角給吃掉，所以才會畫出、購買這種羞恥無上限的本子吧！」（自己挖洞給自己跳……爆）

總而言之，我想要強調的是，所謂的旁觀者位置並不如我們所想的那麼絕對，在我們對自己熱愛的ＣＰ搖旗吶喊，或是看到讓人臉紅心跳的滾床單場景時，心裡的悸動、無以名狀的熊熊情慾之火都帶領我們走向更遠的地方，而旁觀者位置也開始變得曖昧起來。對此，小蒼的說法可以為此下個貼切的註腳：

應該說腐女都會投射到ＢＬ裡面，比如說攻寵受的時候，對我來說則是要看那篇文章裡面那個角色比較符合我的個性，所以可能是攻／受或是以旁觀者的位置，其實ＢＬ的劇情很多就是現實面發生不到，有時候會代入那個角色可能就是追求一種被愛的渴望吧！我有問過其他的好朋友，有些會這樣回答我，我自己感覺好像也是有點這樣的傾向。（小蒼）

ＢＬ由女性創作、消費並以男性之間同性愛為故事主軸的特色，奠定了腐女們以旁觀者位置來觀看和閱讀的視角。然而，誠如我們對「客觀」和「中立」等概念的反思，所謂腐女的旁觀者位置就像隔著塑膠袋和妳暗戀之人接吻的懲罰遊戲般，表面上裝作若無其事甚至表情冷漠，實際上兩人也的確沒有肌膚接觸，但心裡頭卻是小鹿亂撞、波濤洶湧，並將最私密的慾望給暗渡陳倉。

聽起來前後很矛盾嗎？只要是跟人有關的事物，往往充滿著矛盾，這就是人性。

PART.2

「妄想」這兩個字本來是指荒誕、非分的想法及念頭，就字面來看是頗為負面的詞彙，然而在我接觸ＢＬ和成為腐女一員後，這兩個字所代表的意義被徹底翻轉過來，它變成了世界上最省錢又無害的興奮劑！而且完全是自發性、隨處可進行且有立即性的效果！唯一的副作用就是旁人無法理解的傻笑、淫笑和似笑非笑的詭異笑容（因為要忍住！），狀況嚴重的話則是發出咯咯的笑聲。真說起來，ＢＬ今日能發展得如此興盛、腐女族群逐漸成為女性向的主力都多虧「妄想」這兩個字大力所助——看看ＣＷＴ攤子上有多少男性角色是在妄想下的「被害者」就可窺知一二！

準備好了嗎？讓我們一起戴上名為妄想的眼鏡，重新審視那些原著中「男性之間的關係」！

月下腐女牽紅線

ＢＬ作品在創作分類上可簡略劃分為原創和二次創作（同人誌）兩種，除了原創類作品之外，我訪談的許多腐女提及的ＢＬ作品大多是從原作所衍伸創作的同人誌。同人誌指的是消費者因為對原作的熱愛，而自行以漫畫、影音、文字等方式另外創作的衍生作品，這類ＢＬ二次創作往往是從原作抽取男角出來進行攻受的組合配對（也就是ＣＰ），原作中兩名男角之間的關係往往是二次創作的發軔點。基於這樣的前提，所有漫畫類型中就屬男性角色眾多的少年漫畫最容易成為腐女們妄想的溫床：

為什麼少年漫畫會那麼多ＢＬ，是因為他們想表達男人之間的友情，可是我們腐女覺得那樣的友情已經很 over 了，甚至是可以為朋友付出生命，我覺得……奉獻一切？妳真的可以對朋友做出這些事情

嗎？所以就會有人把他詮釋說是在一起，這算是一種幻想，也就是說羈絆或友情的愛，可以轉換成愛戀的愛。（六隻羊）

六隻羊的說法真的是一針見血啊！是的，就是這個光！想當初訪談時聽到某腐女說《火影忍者》根本是鳴人的尋夫（佐助）之旅時，我就開始狂笑。畢竟，翻開 JUMP 的漫畫，我們可以發現有如此眾多的「男性友誼」就是因為「堅貞不渝」的「關係」，而讓女性讀者們開始覺得他們之間一定有鬼！這種表現根本是瓜田李下，要讓人不懷疑也難啊！

事實上除了男性之間的友誼外，「只要有關係」（不論它是什麼名字）都可以成為妄想的溫床。

所有妳想得到的關係都可以拿來腐吧，像師生、兄弟、父子、敵人等等的，只要有關係，就都可以拿來配對。（小冠）

當然除了純純的愛外，腐女們也藉由置入性的元素讓被妄想的兩個男角之間有著「一心又同體」的完美關係，事實上，受訪的腐女中就有不少是因為這類 R18 的同人本，從此入坑而不復返。

我在國二那時候接觸到同人裡站的時候，當時其實很shock！看到裡面的內容就想說：「噢！天啊！他們（指男主角）怎麼會這樣！怎麼會做這種事！」因為當時就是個純潔的小屁孩，雖然在原作漫畫裡面主角之間很曖昧，但是在那時候我眼中他們還只是好夥伴，結果看到後面就跳到sex的場面，我當時沒想過主角可以發展成這種關係，那時候的腦補功力還不夠高深（笑）。（N）

許多受訪的腐女都表示，在BL的妄想或是文本描繪過程裡，除了情感和關係的鋪陳，性行為的描繪常常是襯托該配對的重要方式，也就是說腐女們在曖昧化男男之間關係的同時，往往伴隨性的描繪，進而促成男男戀關係的成立。此外，訪談過程中許多受訪者回顧自己成為腐女之前和之後的轉變，最明顯的就在於看待作品的視角和關係詮釋上的改變。

我《黑執事》看了三次，第一次看的時候是看正常的，那時候第一部已經演完了，看第二部到一半的時候，我正好進入腐界，我又回去看第一部，發現……哇！這是什麼世界？完全不一樣，看到的東西就是……兩個男生在一起的時候，或是誰跟誰的時候……就會開始聯想。對，妳會發現更多采多姿！（Rita）

可能就是當初看了這些同人誌受了影響，後來再看原本的作品就覺得這個世界不一樣了。像我原本喜歡看少年漫畫，以前覺得很普通啊，現在可能看到一樣的地方卻覺得他們好有愛喔！默默笑了一下，會這樣。（岑芳）

是的，這就是「腐眼」打開的證據！她們兩位的陳述，可以標示出腐女在接觸ＢＬ文本之前和之後詮釋觀點的轉變。在還未成為腐女前，既有文本在強制異性戀規範下對男性之間的關係是以「非同性愛戀」的方式來詮釋，同性之間的情慾被遮蔽；當她們接觸ＢＬ文本後，**藉由ＢＬ作品所建構起來的妄想機制和重新詮釋的觀點所影響，腐女們再回過頭看原作的時候便能揭露和補足既有異性戀規範下所潛藏的同性愛情慾。在這過程中，既有的強制異性戀論述被忽視，而同性之間的關係被腐女們以「好有愛」的方式來詮釋，進而促成ＢＬ式妄想的成立。**

這也是為何會有腐女高聲感嘆或自嘲道：「**一入腐門深似海，從此良知（節操）是路人。**」我自己國小時看的《七龍珠》、《幽遊白書》、《神奇寶貝》、《數碼寶貝》等動畫，現在都已經蒙上一層腐粉，回頭看這些作品時，嘴角也會不自覺的上揚。眼睛看到的是一回事……但腦海中想到卻是另一回事。

妄想的無遠弗屆：二次元也沒問題！

簡而言之，一旦你打開腐眼，大概就很難回去了，妄想就會如影隨形，甩都甩不掉。

在《新社員》這齣BL舞臺劇裡，身為腐女高中生的莉莉絲喊出了許多人的心聲：「夢想是二次元跟三次元可以通婚。」如她所說，許多受訪腐女們的BL妄想早已溢出二次元的規範，連三次元的男人也不放過（補充說明，這句是讚美XD）；在現實生活中，三次元中的男性——不論是同學、老師、教官、兄弟等具「男性」身分的，只要「他們」之間有曖昧的互動甚或肢體接觸，便可能成為打開腐女妄想開關的契機。

現實中看到男生抱在一起就會超high。（小冠）

看到兩個男生手有接觸就會有妄想了。（Gusa）

基本上靠得很近我已經會打開「妄想開關」了，就算是兩個人很正常的搭肩膀我也會，牽手也是萌點。（小璃）

有時候上體育課時，有一些男同學的動作會引人有幻想。（御音）

要牽手或是抱在一起，總之就是要有皮膚接觸才會腐。（泳茵）

我常常在逛街的時候，只要看到兩個男的並排走在一起，都會留意他們的手，看他們有沒有牽在一起。只要看到他們牽在一起我就會很驚喜……結果最後原來是看錯，唉！（扶額搖頭）我已經到了走火入魔的階段了。（Tiff）

為何男性之間的肢體接觸——特別是牽手——會成為腐女們的妄想發軔點？六隻羊的說法正好提供了解答：

因為女生跟女生牽手我們不覺得怎麼樣……太常見了，可是男生跟男生牽手的話，我們就覺

得很開心。（六隻羊）

關於「為何男性之間與女性相比，甚少肢體上的親密接觸？」這個提問，各位可以用自己的生命經驗來試著回答這個問題。事實上，高中就讀女校的六隻羊以及班上女生居多的雞蛋都對這現象有類似的看法：

小時候我跟我朋友感情好可能就會手勾手、手牽手或是一起上學，吃個飯可以我餵妳吃，可是男生要表現感情好可能是一起去打球，或是好哥們搥個肩膀或者是擊個掌。他們不會像女生一樣手勾手走在馬路上或是一直有親密接觸。男生從小就不太在意或重視身體上的親密接觸，所以導致長大之後他們對於同性戀這種東西本身比較會排斥。（雞蛋）

我是覺得說……男生他們可能真的沒有辦法理解跟男生彼此之間有親密接觸。他們有些會覺得這不太好，因為妳看男生的互動平常看到就罵個髒話、打個招呼，不會像我們女生碰面還先抱一下，離開還要說我愛妳啊怎樣怎樣……我們女生就覺得還好，但是男生比較不會這樣互動，他可能比較不習慣跟同性有親密的互動，女生就是比較會。（六隻羊）

以我就讀竹中這種全男生的學校為例，基本上，除了在球場或體育活動外，你不會在下課時間看到兩個男生手牽手一起去化學科實驗室、上廁所或是到辦公室找老師。反觀我到雄女、南女和屏女訪談時，隨處可見女學生們彼此手牽手、身軀緊靠一起在走廊上行動。為何會有這樣的性別差異呢？其中一個理由是**在父權社會下，男性的性別認同和養成並不鼓勵、甚至壓抑男性之間的親密互動和情感表達，相反的，卻鼓勵女性之間發展親暱的同性情誼和關係**。此外，在強制異性戀的規範和瀰漫恐同症的社會裡，男性之間的親密接觸很可能被標籤為同性戀的展現，對女性之間卻有較大的容許空間，認為這只是手帕交和女性友好的展現。（除非有一方是外形比較陽剛或中性的女性，在女性必須陰柔的潛規則下，這樣的關係才容易被懷疑或標籤為同性戀。）**但有趣的是，這種無形並設立在男性之間關係、互動時的規範，反倒成為腐女們妄想和快感的發韌點。某種程度上，我們可以說正是因為這潛在的性別規範和背後隱藏的禁忌，才能讓三次元的ＢＬ妄想帶來如此愉悅的快感**。

當然，除了肢體互動外，男性之間的對話也是妄想的溫床，除了清水式的妄想外，添加點粉紅色和性意味當佐料更是妄想時的家常便飯。

我喜歡ＹＹ明明就很純潔的對話：

Ａ君（壞笑）：昨天怎麼樣？

B君（嬌羞）：……很爽了。
A君：那今天去你家還是我家？
B君：去你家吧！你家沒人。
其實他們兩人是在說電腦遊戲XD，什麼表情語氣都是ㄚㄚ出來的。（Tiff）
我的話……當一對男生靠近耳邊說悄悄話就可以ㄚㄚ了。就會ㄚㄚ像這樣的內容：
A：昨晚會不會太用力了？
B：嗯……（臉紅）。
A：今晚你在上方就好了。
B：……。
類似這些的，其實只要兩個男生有對話就可以ㄚㄚ了，心中會開滿了萌花。（小妍）

為何有些腐女會熱衷於三次元的妄想？雖然每個人的啟動開關都不同，但妄想就是個神奇的興奮劑！妄想背後帶來的是「滿滿的愉悅和快感」。

我是竊笑，或是跟同學討論到會開始大笑這樣。（喵喵）

外表很平淡，但是心跳會加快，內心興奮。（泳茵）

會在心裡很開心的尖叫。（小妍）

外表冷靜內心激動，控制不了的時候會淫笑跟大叫。（そう伊達廚）

眼神會變得很詭異和傻笑。（狐狸）

情緒會很高昂興奮。（小璃）

每次遇到可以ＹＹ的情況，我都會低頭，暗地裡做出淫笑的表情。（Tiff）

不知各位是否可以體會上面幾位腐女因妄想而自嗨的狀況？如果你也是同好中人，想必在某些時刻也經歷過類似的狀況，但對於非腐女的一般讀者來說，上面「萌花朵朵開」的情況肯定很難理解或感同身受。要理解ＢＬ、腐女以及妄想這「特殊技能」的養成，相關ＢＬ文本的大量閱讀與否便成為重要的關鍵，加上這類愉悅經驗是非常私密且個人的，如果不是身邊剛好有一個會因二次元、三次元妄想而咯咯笑的腐女朋友，大概會不得其門而入。

我會開始笑、傻笑……然後就一直傻笑，我朋友說我眼睛會用很奇怪的眼光一直盯著男生看，我自己不知道……反正他會說開始想要遠離我，裝作不認識我這樣子。（小蒼）

整個人就會變啊，會一直傻笑，有時候會呆住……我同學會一直叫我，沒辦法回神，如果兩個人都是腐女的話，就會哈哈哈，兩個人就會停不下來，前面的男生（註：被腐女拿來妄想）就覺得妳們兩個到底在幹嘛？常常會這樣子。可是通常那種時候，沒有辦法克制的話就會很恐怖！（笑）（Rita）

在腐女妄想的過程裡，被拿來ＹＹ的兩個男性之間是否「真有其事」並不重要，重要的是她們藉由ＢＬ作品所建構的妄想從而將兩名男性的互動曖昧化、情慾化，並從中得到自發性的快感和歡愉。由於妄想的運作過程是在腐女的腦海中，也因此對於沒有接觸過ＢＬ作品的非腐人士來說，腐女的妄想是很難理解的，例如雞蛋的好友就曾吐槽她：「幹嘛搞得全世界的男生都好像是同性戀一樣。」

腐女的妄想對於生活在異性戀預設底下的一般人來說，是很不可思議且無法被理解的；

在一般人眼裡，這種妄想等同於將男生當成同性戀來看待。然而，**腐女並非將被妄想的男性當成同性戀，而是從挑戰異性戀預設下所設的禁忌、玩弄男性之間關係的過程中來取得快感。**

除了在二次元的原著作品中進行ＢＬ式妄想外，日常生活中各式各樣你所有想得到的場景、人、事、物，甚至包含抽象的概念，只要有觸及該腐女的開關，妄想都有成立的可能，不論是班上的男同學、藝人、古人、ＧＶ男優、自己的兄弟、兩隻公的動物、路人等等都可能成為妄想附著之處。

對男同學有妄想，看到兩個男同學有曖昧的舉動就會想到兩人性愛時候的畫面。（狐狸）

兩個男的手牽手去廁所，就開始ＹＹ了……要不然就是有些男生喜歡咬耳朵，有幾個男生就喜歡手牽手一起做同樣的事情，那個就是很有內容！（小蒼）

類似KinKi Kids（近畿小子）吧！堂本剛、堂本光一，大概連他們的粉絲都會覺得他們是夫妻這樣子，另外就是「嵐」裡面的，有幾個有時候真的講話讓人受不了，或是有一些行為舉止會讓妳覺得太有鬼了！會有這樣的錯覺在……但不知道這是他們為了一些螢幕效果做出來的，還是真的是這樣。（羚）

我很喜歡 Coat West 家的演員 SHO，那時候有固定追他的片，但後來他引退之後我就沒動力追了。那時候在看的時候主要是看幕後花絮，因為那時候 SHO 跟 NAGI 還有 HIKARU 被稱為 Coat West 的御三家，他們一起拍的片子很多，我們主要就是想要看他們三人之間的互動，然後就會妄想，還有上百度找他們的同人文還有ＹＹ圖。（N）

有時候，我跟那些腐女朋友在路上看到兩個男生走在一起，就會開始討論誰是一誰是零，然後像是在ＹＹ歷史人物……其實也很少，如果是看到同學或是網路上有 po 我才會這樣。像之前在西門町的時候，就有看到一個……應該說看起來很明顯一個是還滿肌肉的，另一個是小白臉那型的，然後我們那時候就說有肌肉的是一、沒有肌肉的是零，我朋友她說：「妳確定嗎？說不定人家是相反過來這樣。」然後就開始在那邊講。（喵喵）

我通常是ＹＹ古代人，我的配對比較少見耶……我是李孟派的，李白跟孟浩然：「吾愛孟夫子，風流天下聞。」（出自李白，〈贈孟浩然〉一詩）他都自己表白了，不支持一下怎麼可以呢？還有劉白啊，劉禹錫跟白居易。（夏燁）

有次我在街上逛街的時候看到兩個男的抱在一起，親密得很，害我萌死了！一個像受的撲到攻的背上，而且還是一段很長的時間，那時我真的快失控很想尖叫了。還有一次是我看到兩個男的靠得很近，然後我當時已經很興奮了，之後在他們背後看到他們的手放在後面牽著！而且兩個都超帥的啊！太萌了不是嗎？結果讓我當時興奮很久。（小璃）

我要來出賣我弟了（笑）。我弟現在是住宿，他有一次回來的時候就跟我們講……他有點類似在炫耀吧！他機械系的啊，需要工圖的是工程圖學嘛。我弟說他工圖很強，他就說他們要交作業的前一天晚上，班上一堆同學都叫他幫忙畫圖，他就跑來跑去跑來跑去不在宿舍裡面，後來他回到宿舍他室友就跟他講說：「剛剛好多人來找你，你好受歡迎喔，我好嫉妒喔！」我聽到這一句我就開始ㄚㄚ了。（鴨鴨）

我哥二十二歲，我弟十三歲。有一次我弟在玩電腦，我哥就奸笑著問他：「在玩什麼，等會給我。」然後我弟就會超戲劇化的跟我哥撒嬌，還會用很嗲的聲音，然後我哥就會腹黑的笑說：「小心你的屁股喔，小弟。」超萌的！還有我哥在洗澡，我弟會嗲他：「哥哥一起洗好不好？」害我超想看他們一起洗的樣子！我哥當然沒有答應，就說「滾！」然後我弟真的滾出去，然後還在裝哭什麼的。前幾天家裡在切蛋糕的時候，我哥用食指沾起蛋糕上的奶油問我弟：「你要吃嗎？」我弟整個頭就依過去含著他的手指，超有愛的好不好！反正我經常ㄚㄚ他們。（小妍）

我高一的時候有一個男同學A他跟別班的男同學B感情很好，經常一起打籃球什麼的。因為我跟A回家的路線是一樣的，就有一次我回家的時候看見前方A跟B搭肩一齊走！本來我也沒有想什麼的，但是當我看到他們是一起回A的家時……有奸情……。第二天我跟我的腐女同學說這件事，我們都一致認為他們是趁家人不在就在家中XXX和XXX，而且A與B在學校的時候有很多舉動都很親密，比如說hug、搭肩摟腰什麼的。（Tiff）

我記得我還在學校的時候，有兩個教官好像都算新來的……中年大叔……然後一個教官幫另一個教官縫釦子這件事情傳遍了全校。我想說……這件事情真的太那個了……。像現在，我常看到我妹的噗浪講說某某教官做了什麼事情，跟某個教官怎樣怎樣……然後她們全班很開心。（六隻羊）

貓狗之間很親密的話，不論牠是不是公的，都會把牠們腐化。（泳茵）

看到兩隻公的鳥，我可能也會覺得牠們是吧。（Bony）

我之前在一個地方打工啊，我就看到兩個男的都穿吊嘎，一個比較高一個比較矮，他們兩個一起來買鍋貼……那時候他們兩個應該算是認識，我不知道為什麼當下第一眼看到就覺得他們一定是情侶，就有那個感覺，然後就開始看他們兩個的互動，他們的互動根本是情侶的互動。因為他們是點同一張菜單，所以他們是一起寫，他們也可以分開寫，重點是他們一起寫！這一定有鬼！比較矮的就靠在那個男的旁邊小聲交談，比較高的就拿一枝筆……比較矮的就把他的手覆在比較高的手上面，好像跟他說什麼不要這個……就有點像把手交疊在一起畫菜單，我心裡就想說：「他們在幹什麼？怎麼這麼甜蜜！大庭廣眾之下就做出這麼讓人興奮的動作！」我就覺得很開心，覺得他們兩個一定……更加認為他們是一對。然後他們離開以後我就會開始想說：「他們現在在幹嘛？在吃嗎？互相餵嗎？還是到對方的房間？」我就會開始想劇情……想像他們下一段要幹嘛，然後幫他們安排走向，就會在腦中描述的特別多……打工起來就很有精神！（雞蛋）

雞蛋的故事，非常細膩的描繪出腐女的妄想機制。在這過程裡，被妄想的兩個穿吊嘎男生是不是真有什麼「不可告人的關係」並非重點，而腐女藉由觀察、歪讀和補充說明來重新詮釋「一般人」眼裡「好友」的互動。加工過程中，腐女們不只重新創造出不一樣的敘事觀點，她們還會試圖安排接續的劇情來補足、滿足自己和故事的完整性，並從這當中得到滿滿的快感和愉悅。

在訪談和社團的發文中可以發現腐女們ＹＹ的對象可以說是無所不包，舉凡現實中的物品（如插頭跟插座、鉛筆跟橡皮擦）、自己的男友（將男友跟男友的死黨配對）、自然景觀或氣候（太陽跟雲、山脈跟颱風）、機關行號跟組織（如大學跟大學之間）、國家跟國家（像是APH這部作品）、文學作品（哈利波特、冰與火之歌）、電影中的角色（福爾摩斯、復仇者聯盟）、抽象概念（學科配學科）等等都可以作為腐女ＹＹ的對象。對此，有腐女更直接表示：

沒有美男就美形化，沒有男人就性轉，沒有人類就擬人化。（そう伊達廚）

由此可見腐女的ＹＹ對象不僅無視被妄想對象的性取向和性別，甚至連是否存在於現實世界都沒關係。

從腐女在日常生活ＹＹ的例子，可以看到腐女們是如何曖昧化和刻意誤讀男性同性之間的關係和互動。藉由ＢＬ作品所建構起來的妄想機制，她們將互有關係的「兩者」——不論是否真的存在或為男性——進行配對和妄想，藉由置入愛和性的符碼進而讓男男戀的「妄想／ＹＹ」成立，一方面這種妄想是和現實狀況不同甚至反其道而行的虛幻不實「幻想」，但卻也是她們在日常生活中所期待和「希望」的情節和快感來源。腐女們一方面「悅瀆」了強制性戀規範，另一方面藉由這種酷兒式的閱讀從文本、人際互動、歷史典籍等日常生活中的各處去嗅出任何同性愛戀的可能性，建構一套有別於異性戀預設下的同性愛敘事，並從中得到快感和愉悅。

最後，我要很認真且嚴肅的說，妄想是我接觸ＢＬ和成為腐女後最大的收穫。就社運的層面來說，ＢＬ的妄想在挑戰文本政治中的異性戀預設和男性支配是頗為有力的工具。縱使這種下意識的妄想反應，已經害我的 Gay 達常常失靈而無效化。（現在連看到同志諮詢熱線的夥伴在開會爭論事情時，也會不自覺ＹＹ起來……真的是病入膏肓了。）

為何會說是最大的收穫？因為ＢＬ的妄想是從女性的角度另闢蹊徑，反過來質疑和戲謔強制異性戀規範的不穩定性，讓我反思認同政治在面對異性戀霸權時的局限性。從以往到現今，同志運動一直很強調身分認同和出櫃的政治效果；當然，這在公領域和私領域都是必要且很有力的運動策略。在大聲向社會昭告：「我是同志，社會要看到同志的存在。」並劃出專屬於同志的位置和空間後，市面上也開始出現並重視同志文學、同志電影等冠上同志二字的文本。然而，我們卻甚少回過頭挑戰佔據社會主流的異性戀中心文本，而腐女、ＢＬ的出現及所建構起來的妄想機制，著實提供另一個可行的途徑，讓同志們看到後驚覺「哇！原來可以這樣玩！」

每當我聽到有人看完ＢＬ同人誌後咕噥道：「男主角怎會變成同性戀？」或是異男抱怨被腐女女友給拿來配對時，我就會默默的想：「又有一個人被妄想給網羅了。」

PART.3

「為何女性會喜歡上ＢＬ？」面對這道提問，許多腐女會答：「挑戰同性愛戀的禁忌所帶來的快感。」

是誰劃下了禁忌？劃下禁忌者害怕些什麼？ＢＬ、腐女的出現和這禁忌有何關聯？她們又如何反過來利用禁忌挑戰劃下禁忌者？

希臘神話中，宙斯送給潘朵拉的盒子裡裝滿著疾病和禍害，禁不住好奇心煽動的潘朵拉終究打開了盒子，在潘朵拉亡羊補牢之際，只有希望被留在盒子當中。我們將撬開那名為禁忌的鎖頭，找到潘朵拉留在盒子的希望，再回頭挑戰兩個從盒子中跑出來的災禍。

潘朵拉的盒子：同性愛禁忌所帶來的快感

N：我回過頭來想，其實BL作品本身也有禁忌的意思，覺得就是一個妳明知不可窺探的事情，但妳去窺探了它！

我：所以有一種快感？

N：對，滿足好奇心跟偷窺的快感，我覺得那是人性犯賤的特質，就是越告訴妳不可以做，妳就越想做，如果今天假設整個社會反過來，同性戀是正確的、異性戀是不對的，那可能就會變得很獵奇想要看BG類的東西。

Gusa：我喜歡BL主要是前衛感……應該說是很新鮮吧，因為在社會上同性戀仍然是不常見的取向。人家說越禁止妳就越想觸犯，越少就越想懂，畢竟公開的男同性戀這種事情在社會上還是少有。

我　所以看到這種禁忌會有快感？

Gusa　嘿啊，可愉快的，我喜歡覺醒的劇情。

我　可以形容一下嗎？

Gusa　就現在不開放的社會觀感上，當男性察覺自己是同性戀的時候，除了要想辦法去突破這種迷思外，還要想辦法保持住自己對對方不會產生性幻想的理性，我喜歡看他們煎熬的內心戲，這種快感……就像妳看到一件純白的洋裝，妳會想去弄髒它嗎？通常是不想對吧，但是有人說過，妳越不允許的事情，在我眼中就成了慾望的內涵。

對腐女們來說，窺視和閱讀同性愛文本，成為當社會將非異性戀的關係和情慾劃上禁忌的符號時，她們慾望展現和滿足的方式，這種快感和社會上對同性愛戀的禁忌密切相關。如同Gusa和N所說，這種「越禁止，我就越想看」的「人性犯賤特質」就如同Keroro軍曹看到骷髏頭按鈕會想按下去一樣（對了，他也很愛踩香蕉皮），當標示禁忌的按鈕啟動後，引發的爆炸和破壞反而是意識啟蒙和反抗的發軔點。就這角度來看，**越被主流社會壓抑和禁止的事物，實際上正反映了這社會不願面對的真相**。

此外，當社會仍然替同性之間的愛戀設下禁忌和重重關卡時，這種「不被社會普遍接受的愛」一旦跨越重重阻礙而有情人終成眷屬時，對腐女們來說就是愛的極致展現。

夏燁　其實我是因為禁忌的關係才喜歡ＢＬ。

我　怎麼說啊？

夏燁　我之前看ＢＧ的時候，我就發現我喜歡看天使跟惡魔啊、老師跟學生之類的、兄妹那種，禁忌的我會比較喜歡看，畢竟男男戀在社會上還不是被普遍接受，就像是禁忌一樣。

小璃：我有時候會看A漫不過是同人的，可是現在不常看是因為BL更吸引我。

我：怎麼說呢？

小璃：其實是因為這種禁忌的感覺很美好，性的話就是兄弟之間，戀愛就是要跨越身份的障礙。

我：也就是說妳覺得跨越那個禁忌會有快感？

小璃：對，看那個過程會很期待。

我：或是很興奮？

小璃：對，就是這樣。

我：可以形容那種感覺嗎？

小璃

就是看到他們要跨越重重阻礙外，經過一輪考驗才能在一起會令人很感動，相信世上還有愛，其實也是覺得這樣很特別看著就喜歡了，我其實有點變態吧，不過我在還沒腐前也覺得真心的戀愛其實不應該分性別的。

在將同性愛戀視為禁忌的過程裡，異性戀霸權試圖噤聲非異性戀的文本和論述，但與此同時，同性之間的性與情慾卻成為快感的發軔點。對腐女們來說，閱讀這類文本除了可以看到有別於既定異性戀論述的文本，ＢＬ也藉由將男性放在「受」的位置，挑戰男性的陽具特權，進而回過頭質疑男女之間的權力位階以及父權下對女性情慾的禁錮和壓抑。

當一個社會將「某物」劃為禁忌的同時，這個「某物」便是這個社會不願面對的真相。或者可以說，這個「某物」一旦被公開就會危及社會體制裡的既得利益者。從這點來看，我們不難理解歷史上的當權者為何要設立禁書或是有焚書坑儒的舉動。

然而，ＢＬ**對父權及強制異性戀兩者所祭出的最大威脅是什麼呢？那就是將「男性」放在「同性性行為中」的「受」——０號、被動的位置——一個彷若父權下的異性戀關係裡，被貶抑和次等的女性位置。**

父權下的禁忌：受、0號、被動與女性

問問題和尋求問題的答案有兩種方式：一種是直線式的向前方搜索，另一種則是停下，回過頭，往後尋找。因此，我們要將本書開頭的問題「為何女生會喜歡上BL？」反過來改問：「為何（異性戀）男生不會喜歡BL，甚至會對BL有強烈的排斥或厭惡？」

行文至此，我要再次強調「先談通則，再談例外。」通則是，大部分喜愛BL文本的是女性，在以「女性」這兩字所抓取的族群裡，絕大多數是異性戀或雙性戀的女性，這是通則。通則是，大部分異性戀男性對BL沒什麼興趣（如果他們有興趣的話，CWT應該會被異性戀男生給塞爆吧；至於男同志對BL的看法則是留待後面再談），甚至某些異男對BL有強烈的排斥感。

事實上受訪腐女的生命經驗，在面對「（異性戀）男性為何討厭BL？」這問題上都有非常雷同的答案！也就是說，異男討厭ＢＬ的理由是用反向的例子，一針見血的把女性為何喜歡ＢＬ的答案給刻畫的更為清楚。

聽聽看腐女們怎麼說吧！

N……男生不能接受ＢＬ的原因，最主要是因為會有威脅感。「喔！看到被捅屁眼，我就害怕被捅！」異男最容易有這樣的人。「我旁邊是男同志，他會不會捅我屁眼？」拜託！你又不是他的菜！他們常常會有這樣的情形，會有這樣的恐懼。

我……所以他們對同性戀的恐懼是跟性有關？而ＢＬ會觸及到這部分？

N……對，好像會威脅到他男性的……威風的感覺，對他的男性威風會有損害的感覺，那我的男性尊嚴是不容任何挑戰的。

我……妳是說變成０號、變成受方像是女生一樣？

N……**對對，被插入、被當做情慾投射的對象，怎麼可以？本大爺是投射情慾的人，怎麼可以被投射情慾？異男很多會這樣想。**

就如同N所說，異性戀男性抗拒BL文本的原因，最主要是對同性性行為恐懼的關係所致，而理由很明顯——BL文本充斥許多男性同性之間性行為的描繪。對異性戀男性來說，面對同性之間性的恐懼就在於這會損及「男性威風」——害怕被捅屁眼。然而，「被捅屁眼」和「男性威風」有何關聯？這問題也可以反著問，如果是擔任捅別人屁眼的「攻」方就比較沒有威脅感嗎？為什麼專挑被捅屁眼的「受」這個位置來談？原因就在於被插入方、0號和受這樣的角色無可避免的呼應異性戀性關係下的「女性弱勢和被動處境」。

夏燁……**我覺得男生會排斥BL是跟自己有關，跟自己有關我覺得這點還滿重要的，會讓男生覺得威脅或不舒服。**

我……**不舒服的點在哪？**

夏燁　例如說，我覺得男生會容易把自己帶到受的角色去，因為如果他要當攻的話，他就看ＢＧ就好了，ＢＧ不管怎樣他都是攻啊！我覺得他們會容易把自己帶到受的角色去。

我　帶到受的角色有什麼效果？

夏燁　我覺得他們應該會想成身體被侵犯，所以不舒服。

••••••••••••••••••••••••••••••

夏燁這句「我覺得男生會容易把自己帶到受的角色去，如果他要當攻的話，他就看ＢＧ就好了，ＢＧ不管怎樣他都是攻啊！」真是一語驚醒夢中人啊！不知道各位是否也跟我一樣有彷彿看到曙光的感受！當我們回過頭把ＢＧ（異性戀關係）納進來跟ＢＬ做比較時，答案就呼之欲出了。簡單來說，在父權體制下的性別是非男即女二元化的，在權力關係上，更將男女的生理差異合理化成男女權力關係不對等的根據。握有「陽具」的男性是有權力、主動、插入方的；相反的「沒有陽具」的女性則是她者、有欠缺、被插入、失權、被動方的。在這樣的規則下，ＢＬ藉由將女性排除在外並創造只有一個性別——男性——的世界，讓以「陽具的有無」來合理化男高女低的父權頓時失去憑依的最大地基。在此，ＢＬ除了用「同性愛」來攻訐強制異性戀外，更反過來利用「男男性行為」來挑戰父權下男性因「陽具」而握有的權力，其方法就是把男性放在男男性行為中「受」的位置，一個在原本父權下將之唾棄給女性的位置，藉此消融男性握有的陽具權力，進而大聲宣稱：BL的世界裡縱使男性握有陽具，在妄想的律法下他還是得乖乖成為一個受！

我覺得男生在潛意識裡很擔心會不會有另外一個男的會對他怎麼樣吧，因為我去觀察過PTT的男生，他們其實就是看到那個男的有點怪怪的，晚上會擔心自己的屁股會被對方怎樣，你也要看人家對你有沒有興趣好不好！所以我覺得男生可能還是潛意識有這種恐懼。所以就BL來說，女生對這種反彈比較沒那麼大，男生的話真的很擔心。我個人是覺得啦！男生是處於侵略別人的地位，女生的話比較不會這樣，所以他們男生很擔心自己變成小受這樣。（六隻羊）

Bony……他們男生是屬於支配方的部分，他們看到兩個男生的時候，可能比較沒有辦法定義，因為他們覺得兩個男生應該都是支配方。

我……所以妳覺得他恐懼的是受的那個角色？

Bony：應該是，男生不會想要當躺在下面的，一直被弄一直被弄。

像我弟就是一個很明顯的例子，他很怕自己被爆菊。我說：「你要被別人爆，還沒有人想爆你。」他們會有過多的顧慮，可是我再怎麼講，我弟還是很害怕，我弟說：「姊，妳看那些就自己看就好，不要介紹我看或介紹男生給我認識。」畢竟男性的自尊當然希望自己不是在下面那一方嘛！所以他們當然會當攻啦。像女生好了，如果不是腐女的人，一定認為說女生本來就在下面，如果哪天女生在上面的話，他們就覺得好像違反我們的本能一樣。像有些男生本來是異性戀，認為我身為男生就是要採取主動的那一方，就是1號那一方，他們就會為了菊花……就在護菊啦，不知道為什麼，他們就很擔心自己的菊花會被別人爆掉。（雞蛋）

岑芳……大部分男生會不喜歡BL的原因……比如說男生就喜歡看A片，可是女主角突然變男生就感覺好像跟自己一樣，就真的我……不太能接受吧！

岑芳……有什麼不能接受的呢？

我……譬如說他們在看的時候就不太能接受男男做愛，就覺得很奇怪啊！因為他們也不會對男生有性方面的感覺，所以就覺得如果又套用在他們自己身上的話，應該就更不能想像了。

岑芳……他們是不能想像自己是攻方還是受？

Rita……應該都是吧。

我……我覺得應該不能接受自己是受方的比較多吧！

……為什麼？

Rita：因為一般的男生都認為自己要破處男之身啊！大部分的男生都說我才不想一輩子當處男，很多男生嘴上掛這句，那種人怎麼可能想去當受方？

羚：一般異性戀男生根本沒辦法，根本不會想看男生被壓或被怎樣，一方面是他對這樣的關係沒有興趣，他只對女生有興趣，另外一方面是他也不想要去理解這種關係。我覺得會害怕的另外一個原因，就源自於他自己啊！他不去看、不接受、討厭……大部分給我的感覺還是源自於他的恐懼跟男性主義有關係吧，他們覺得男生總是要處於在比較強勢的狀態。

我：妳是指主動的位置？

羚：主動位置有，還有他可能不想處在被動、接受或是被插入的角色。

我有個御宅族朋友，男的，反腐的，他跟我說：「兩個男的抱在一起插菊花好噁喔。」因為他們是男的，所以會覺得被其他男生插入好噁心之類的吧。（そう伊達廚）

許多位腐女都表示，面對BL文本中處在「受」方的男角，許多異性戀男性恐懼的理由在於自己被放置在舊有異性戀關係當中的女性位置：一個會被「爆菊」、「被插入」、「被動方」、「被壓」的「女性位置的男性」，而這個位置在父權下往往是被配置給女生，就像岑芳所說：「男生在看A片時，女主角突然變男生，就感覺好像是他們自己一樣。」除此之外，有的腐女在訪談中更指出，男性對於受方的恐懼，其實就是恐同的展現。

鴨鴨……我有觀察到男生比較不接受同性戀……。我其實是跟我爸討論，因為那時候我們在看《斷背山》，那時候我的反應是：為什麼？他們又不會跟你搶女人，這樣講應該沒有威脅性啊。

我……結果妳爸怎麼說？

鴨鴨……我爸就說因為「我怕他們會愛上我」，他會怕男同志去愛上不是男同志的自己……所以他會覺得有威脅性。

蚊子……我覺得他們不喜歡看ＢＬ的原因，就是可能沒有辦法接受自己被動的這個行為吧，他們會在意被爆菊或自己是受的角色，攻可能還有辦法認同，可是我覺得受的角色一般的異性戀男生可能沒有辦法接受。

我……所以妳覺得他們恐懼的東西到底是什麼？

蚊子……可能就是恐同吧！恐同情結。

我……可是他會恐同的部分是擔任被動、０號的那個？

蚊子……對，我覺得異性戀男生某個程度上有非常大的被害妄想，他們都會覺得同性戀的男生對他們有企圖，我覺得他們想太多。

以我身為男同志的身分來看這些訪談，真的有一種豁然開朗的感覺！這些腐女們的說法完全印證了我的推測，並回答長久以來放在我內心的疑問：「異男對男同志恐懼的根源和理由到底是什麼？」

是的，男男性行為便是導致異男恐同的最主要因素——特別是被插入方、受、0號這種「被其他男性給插入」的恐懼。然而，這種恐懼並非單純只因為「對男生沒有性驅力或是生理上的厭惡」，從更大層面以及社會結構的觀點來看，異男對ＢＬ的抗拒和排斥乃在於權力的喪失，以及奠基於父權和強制異性戀規範下的優越位置被挑戰和消弱所致。

當「受這個以往只由女性擔任的位置」被父權和強制異性戀給列為「男性的禁忌」時，它就具備了挑戰體制的能量和位置。腐女們藉由妄想以及ＢＬ文本，將男性放在受的位置，不但挑戰了父權下對女性情慾的束縛，更質疑男性向色情文本中的男性權力。在這樣的脈絡下，對許多腐女來說，觀看ＢＬ裡男男性行為的同時，她們也獲得權力倒轉的快感。

我們可以說ＢＬ裡面的「受」讓異性戀男性體驗了原初閹割情節的焦慮，縱使受方的陽具還好端端的存在於他身上，但卻早已被剝下父權的新衣，確實的變回它本來陰莖的模樣。

權力倒轉：從男性凝視到女性凝視

如果說「某物」挑戰了體制中的禁忌，那麼我們必須回過頭看這體制出了什麼問題。因此，當腐女投向BL的懷抱是因許多BG作品中「男高女低的僵化異性戀愛情腳本」所致，那麼現在我們也要停下來，回過頭看看社會上的異性戀性文本出了什麼問題。

男生看的H漫裡面，女生胸部很大大大大大大大大大，腰很細細細細細細，比例超級怪的。還有就是一個平凡無奇的男主角會有很多有材有貌的美少女誘惑他，而且一集可以與三至四個不同特色的女角上床。（Tiff）

我個人不太喜歡那種給男生看的H漫，因為我覺得它太物化女性。如果以給男生看的話，我不喜歡它。裡面都把女生描繪成胸部大、屁股翹、要很服從

於男性的那種權威，我不喜歡它給人的那種感覺。（喵喵）

貓貓　我會喜歡上ＢＬ大概是因為ＢＧ向的Ｈ漫不怎麼把女人當成女人來看吧。

我　怎麼說呢？

貓貓　ＢＬ漫裡面我可以看得見有點感情的鋪陳，可是ＢＧ就直接進入Ｈ場面，然後就是不知道為什麼我一直看見女人被凌辱的樣子，特別是在男生看的Ｈ漫裡面，所以有一陣子對ＢＧ的Ｈ漫很反感，然後少女漫畫的Ｈ場面也可以看見女生總是處在於比較弱勢的立場，可以看見瓊瑤式的少女心蹭蹭地冒出來。

我　相較之下ＢＬ就比較不會這樣？

貓貓……………BL嘛……雖然有少女心的存在「受」，但是我可以得到的結果是雙方的地位比較平等，相較於少女漫畫中女生的角色，受就比較獨立。

許多女性主義者指出，既有（異性戀）男性的色情文本往往將女性描繪成被男性侵害或是物化的性玩物，在這過程中，女性是被動和屈從於男性的性慾望去展現她的身體和性，就如同喵喵所提「把女生描繪成胸部大、屁股翹、要很服從於男性的那種權威」和貓貓所指出的「不知道為什麼我一直看見女人被凌辱的樣子」。這種描繪異性戀色情文本的既定論述，強力影響少女漫畫或言情小說的女性作者，縱使作者身為女性，在性行為場面的描繪仍然免不了將女主角設定在比較弱勢的立場。貓貓認為BL中的受雖然仍然有「少女心」的存在，但相較於少女漫畫的女角，受在能動性和個性上就比較獨立。

異性戀男性的色情文本，除了將女性放置在被支配和弱勢的位置外，在其中演出和參與性行為的男性卻往往是看不見的。

岑芳…A片裡面都看不到男生，好奇怪。

我　　妳有注意到都看不到男生？

岑芳　對啊，只會拍女生啊。

我　　妳有想過為什麼？

Rita　他們男生常常看A片都是這個女模好怎樣、好怎樣。我就說：「好好好，是怎樣？」我不了解為什麼他們想自己幹女生，把自己想成那個男優，真的是……畢竟男生還是會希望有個女人可以那樣被他們弄。

尤其是日本的，日本的A片感覺都一樣，女生一直叫一直叫，男生都不怎麼講話，永遠都是特寫女生，男生只看得到背或頭髮，都看不到他的臉。（雞蛋）

上述幾位腐女的說法，著實點出（異性戀）男性向性文本最大的問題：在設計給異性戀男性看的色情片當中，男性的出現是無關緊要的，因此拍攝鏡頭往往只著重特寫、放大女性身體。簡單來說，鏡頭本身就是男性視線和凝視角度的代表，男性將其性慾的期待和幻想投射在文本中的女性身上，經由這樣的男性凝視，女性不自覺的成為供人觀看、滿足偷窺情慾和被陳列的對象。

比較異性戀男性向的 H Game、乙女向的 H Game 和 BL Game，便可一目了然這樣的現象。以遊戲的 CG 圖來看，男性向 H Game 的圖片清一色只看得到女角的身軀，不論是乳房、陰部、臉龐甚或臀部等部位，幾乎佔據整個 CG 圖的九成以上，男主角基本上只會露出部分身軀、陰莖，五官跟臉能看到的可以說少之又少，部分遊戲甚至刻意將男主角的眼睛完全去除，變成瀏海遮眼的「無眼男」，反觀乙女向的 H Game 和 BL Game 的 CG 圖不論是男女主角或是攻受兩方，在性行為時的圖片是兩者同時入鏡，較少會只專注單一方的現象。

（異性戀）男性向的 H Game 或是 A 片將男主角及 AV 男優模糊化，甚至消失，原因是為了提供給觀片者和玩遊戲的男性一個「自我代入感」；在遊戲和片中，他就彷彿身入其境，成為和女性角色發生性行為的男主角，並從女角各種一舉一動中感受到她彷若在和自己「有些什麼的同在感」。

除了既有異性戀男性色情文本對女性弱勢的描繪、男性消失讓腐女不滿外，異性戀性關係中女性因生理限制（懷孕）而必須背負的風險，也是腐女抗拒異性戀性文本的原因之一。

Tiff：其實在性關係中，女性向來都比較吃虧。加上男生都不喜歡帶套，女性為了不要未婚懷孕可能被迫吃避孕藥，會對身體不好，而且萬一不小心有了，去墮胎很危險又傷身傷心。

我：所以妳基於這些負面原因，比較不希望發生性行為？

Tiff：因為男生在我心中是只享受做的過程，不願意承擔後果、沒有責任心，女生還是靠自己比較好。

像我剛剛講的，男生比較是處於侵略者的地位。生理上，因為男生在跟男生有性行為的時候，不用擔心會懷孕，但是女生跟男生就會，所以當女生看ＢＬ的話就不用擔心懷孕這件事，她們發現說因為妳看男女的那種事情之後女生會懷孕，會有個負擔，但是男性的話……男生跟男生不會有這種問題。（六隻羊）

異性戀性行為中，女性有別於男性的特殊風險，在性行為過程中必須承擔懷孕的可能性，雖然男方照道理來說也必須承擔責任，但如同 Tiff 說「男生在我心中是只享受做的過程，不願意承擔後果、沒有責任心」，因此她才會在一開頭就表明「在性關係中女性向來都比較吃虧」。六隻羊則點出女生在觀看BL時，因為都是男生的關係，就不用擔心會有懷孕的負擔，免除性愉悅後所帶來的生殖焦慮。也就是說，在父權下的異性戀性行為中，女性往往承擔較多的風險和負擔，那麼藉由排除女性參與而以男性性行為為主軸的BL文本，就能屏除這樣的顧慮。

腐女藉由BL只有男性出場的文本，削弱了男性凝視的運作，除了從男男性行為當中得到禁忌的情慾快感，更藉由將男性擺放在被觀看的位置，讓女性凝視得已成立。此外，被放在受方的男性在H時所擺出的表情、姿態以及被插入時的呻吟聲，都成為權力倒轉的快感展現，進而彰顯女性情慾的主體性和能動性。

更重要的是，將男性放在受的位置同時，也意味著有些腐女可以從這視角中享受當「攻」的快感。

N

⋯⋯⋯⋯⋯

我在看《女朋友．男朋友》有一幕是張孝全在車陣中，停車場，他在跟釣到的人眉來眼去玩捉迷藏，最後兩個碰在一起後，他就抓了對方的手⋯⋯舔，那一幕我就覺得要是我男的

我就趕快撲上去！那一瞬間我的心情好像轉換成……好想把他壓倒，我想我會喜歡看BL的原因，一個就是把我心中比較男性向的部分可投射。

N

怎麼說會是男性向的投射？

我

就像剛才我講看到張孝全會想要壓倒他，那是我心中我覺得比較不像女生的一個部分，比較像男生的部分，看BL可以滿足這個部分。不是單只因為是女生就是要被滿足、或被壓倒，而是比較有攻勢這樣子。

對N來說，BL提供給她另一個轉換跟投射內心比較「男性向」的部分——主動、有情慾主體和能動性，進而對自己想要的性和慾望表達的管道，她用「壓倒」來表示自身希望有攻勢和主動的慾望；反之將男性（張孝全）放置在被動和「被壓」的位置，從而倒轉自身的女性身分在異性戀性行為的規範。在這樣的脈絡下，BL提供給女性一個不同的觀看視

角，縱使現實生活中女性沒有生理上陰莖所給予的陽具特權，但卻可以藉由BL來享受將男性「壓在下方」的快感。

喵喵覺得，女生之所以會推崇BL，在於嚮往文本中男性角色能變換擔任主動／1號、被動／0號或是0.5／0.5主被動皆可的角色，而非像異性戀女性被束縛在被動／0號的位置。

喵喵：我是覺得我們女生可能本身缺少男生的生殖器官，所以變成女生大部分是比較被動的狀態下，可能會就會去推崇男生對男生愛戀的那種感覺。

我：這個邏輯很有趣耶……妳剛才說女生沒有男生的生殖器，所以她會推崇男男戀？為什麼？我不懂那個邏輯的推論。

喵喵：應該……就是剛才講的，叫做自我虧欠吧。

我　自我虧欠？

喵喵　就是感覺上自己沒有，所以有點像是羨慕的意思……應該這樣講好了，如果是異性戀性關係的話，女生就只能一味的接受，男生其實就可以1或0、或0或1、或0.5、0.5這樣。

我　所以妳說這兩個差別就是在異性戀性關係裡面女生只能一味的接受？

喵喵　對，那可能事實上女生在潛意識裡面，她是希望可以主動一點的感覺。

………………………………………………………………

喵喵說的這一段話，對身為在教育現場推性平教育的我來說，是頗為難過的一件事。到底是怎樣的社會環境，讓一個十八歲剛上大學的女生會覺得自己沒有陽具是一種自我虧欠？而且還會因此羨慕有陽具的男生？事實上喵喵的回答，強而有力的控訴了父權下異性戀性論述的規範，是如何限制及束縛女性在情慾上的想像。她的回答表面上看似符合佛洛伊德所提出的「陽具傾羨」（penis envy）的說法，但我認為喵喵的說法，只是反映在父權社會下女性的身體和情慾能動性，是如何在陽具的律法下被噤聲和限制在一個被動的立場。

而這樣的束縛，藉由ＢＬ能有所翻轉。

雞蛋 我希望長大去變性，當個男的算了。我覺得當男的真的比較好，我是因為看了ＢＬ之後覺得我也想變成男生的其中一個，當一個男的同性戀。

我 為什麼妳會這樣想？

雞蛋 身為女生我覺得有很多限制啊！而且像我自己也會很想親自體驗一下ＢＬ故事裡面那種情節，我記得我有一次……去年暑假我才剛接觸ＢＬ沒多久就作了一個夢。一開始走在路上，看到兩個男的，我會想說他們兩個是不是對我有意思啊？

怎麼一直在看我？我會有這樣的想法，可是後來咧，我夢到我自己長了男性生殖器，我就很興奮，然後裸露我的生殖器，到處炫耀的感覺，反正我在夢裡面就ＱＪ（註：強暴）了一個美少年這樣，反正就很多經歷……如果是ＹＹ別人的話，我可能會把自己投射進去，我可能是攻方，那個男生是被我壓在身體底下那種的，我都會這樣ＹＹ對方。

我

妳說妳是攻方，把對方壓在底下？

雞蛋

對，例如說那個人可能只有一個……可是那個男的很受，受到……講難聽一點就是欠幹樣的那種的，既然他那麼需要的話那我就來吧！我就會在腦中開始想像怎麼誘使他、調教之類的。

雞蛋所作的ＢＬ夢，彰顯了陽具的律法是如何限制女性在情慾上的主動性，以及男性因為握有陽具和父權下所賦與的權力，進而能在異性戀關係中肆無忌憚的展現其性快感。在父權體制下，男性的權力來自於那根無可比擬、女性所沒有的陽具；插入式的性行為也表徵了陽具的律法和權力。在雞蛋的夢境裡，當她還是一個沒有陽具的女性時，走在路上是一個被男性觀看和凝視的目標，後來的**轉折處在於她也擁有了陽具，而整個權力關係和夢境結構有了一百八十度的轉變；擁有陽具後，她ＱＪ（強暴）了一個男生，而在ＹＹ的過程中，男生是被她壓在下方的。而她用「欠幹」的兩個字，倒轉了既有男性在色情文本中的使用對象，從而將男性放置在父權下被貶低的女性位置：可以被幹的受方。**

從這角度來看，ＢＬ賦予女性讀者一個「女性專屬的陽具」，讓「女人幹男人」這句話得已成立，這種將男性放在「受」的「性客體」位置，倒轉了異性戀性論述下「男性是獵人，女性是獵物」的潛規則，此外，ＢＬ文本也創造一個專屬女性的情慾符碼和語言，讓女性得以擺脫用「男性中心的性語言」來表達自身「情慾」的困境：用壓迫者的語言訴說自己慾望的兩難處境。

最後，我想用Ｎ跟小妍的說法來替眾多腐女對父權及強制異性戀的控訴做個總結：

N……我覺得女生會喜歡上BL的一個原因，是因為女生也是會想要離經叛道的……也會有叛逆的想法，所以想要做一點不一樣的事情。

我……所以BL是一種禁忌，而看BL就是一種叛逆的表現？

N……對，一種叛逆，然後另外一個就是，她的情慾投射對象還是男性，所以自然會去投射到BL也是很自然的，兩個男的一次看嘛，可以看double！我覺得是這兩個，一個是叛逆、一個是雙重……不過叛逆的因素多一點點，女生也是會想要有叛逆或挑戰！做一些壞壞的事情。

我……那妳有沒有想過為什麼女生會喜歡BL？

小妍……呃……我想是有種SM的感覺吧，看到有個男的被另一個男的壓倒就會很爽吧，就像異性戀男生看到女生被壓倒也很爽吧！

我：所以妳覺得女生看到男生被壓倒內心會有開心的感覺？

小妍：是的，還有男生很少能接受自己被爆菊吧。

我：那妳為什麼覺得男生不想被爆菊？

小妍：當然是因為他們天生就是1啊，很難接受自己可能有一天是個0，所以害怕看到受的樣子或是接受不了爆菊這回事。

我：那妳覺得怎樣麼的女生會成為腐女？

小妍：因為……迷上了看男人被爆菊。

我：妳是認真的？

小妍：有的是啊……好吧，轉答案轉答案，是因為覺得ＢＬ還是有點不被世人接受，所以看ＢＬ就很爽，有種挑戰禁忌的感覺……因為壓倒男人很爽。

我：有想過為什麼會爽嗎？

小妍：我會打很久你介意嗎？（註：當時是打字方式進行訪談。）

我：不會啊，妳可以慢慢來。

小妍：我覺得，即使現今世代高舉男女平等，但事實上女生做的事都是為了吸引男人啦（化妝、瘦身那些）所以男生仍是主導的那個，在床上也是啦，看小說的情節都是這樣的，所以現在能壓倒男人就像叛逆的感覺。

在BL文本中，縱使男性握有陽具這個在異性戀性關係中擁有權力的象徵，但卻無可避免像「受」一樣被分配在一個被插入、被觀看的「女性」位置。於此，陽具就如同被薔薇所纏繞一樣，其象徵的權力因為被放置在男性同性性行為的脈絡下，從而被消融和解體。如同小妍所說，除了有挑戰禁忌的快感外，延伸到整個社會來看，女性反轉父權社會所面臨「男高女低」處境，從BL文本中「壓倒男性」得到權力倒轉的叛逆快感。

從清水到肉本：腐女的性啟蒙之路

在我參與的腐女社團以及和同好聚餐時，只要有人放上某CP的肉本或聊到相關的話題，許多人就會露出開心、邪惡（？）、心領神會的神祕笑容，接著便是一連串與男同志社群相較也不惶多讓的露骨發言，而網路上的討論串和對話內容則是會充斥著各種羞恥play的討論以及腐女專利的黃色笑話。現在看起來如此肉食的模樣，很難遙想在成為腐女前的她們是如此的清純。（爆）

總而言之，許多受訪的腐女在剛接觸BL文本時，都是從入門比較清水的作品開始看起（當然也有一開始就很肉食派的人），在節操還存在身上的那時，許多腐女們第一次接觸到BL性行描繪的部分，還是會有感到害羞、不自在或是擔心外在異樣眼光的狀況。

Gusa　我本來也沒有說很腐，資歷也不深，高一開始首次接觸，一開始還會覺得很不好意思。

我　妳是說性描繪的部分？

Gusa　對啊，話說那時候有一個繪畫很強的腐女朋友，她是美工科的所以有一本自己的繪本。她的繪本上到處都是男性裸體或是生殖器裸露之類的。

我　妳偷看人家繪本？

Gusa　沒有喔，大家拿出來在桌上翻，正大光明看。她的繪本真的很驚悚，滿滿的男性生殖器繪圖，我第一次看的時候感覺很不好意思，我竟然說我受不了然後拔腿就逃，可是其實內心是很好奇，超想深入的。

岑芳　一開始想說我應該只能看清水吧，後來其他同學說妳為什麼都看這麼清水啊？這很平淡，她說妳一定要看H的，一直塞給我看。我一開始還會看到臉紅，後來就覺得很好看……天啊！很合我胃口。

Rita　現在幾乎看到男男性行為不會怎樣……妳要在公共場所看BL我也無所謂，公車上就直接拿出來看啊，不會認為有什麼。

岑芳　剛開始可能還隱隱約約要稍微藏一下……之後同學……因為我們都會交流嘛，有一天就有一本在我桌上，我那時在睡覺，就被老師拿起來看。

我　老師有說什麼嗎？

岑芳　老師說：「妳怎麼都在看那種十八禁的東西。」，天啊……好丟臉。

我……所以妳第一次接觸到Ｈ文的時候，那時當下感受是什麼？

喵喵……還……滿緊張的。

我……怎麼說？擔心被別人看到？

喵喵……對！

我……真的嗎？妳是拿實體書還是網路上看？

喵喵……電子小說。可是有的時候弟弟妹妹會把手機抽走，然後說「姊姊妳在看什麼？」這樣。

在父權社會下，關於情慾和性的議題一直存在男女雙重標準，不論是意識形態或社會媒體的論述，可以看到男性好色是如此的理直氣壯，甚至到義正嚴詞的地步，還會有人用生物本質論的說法來替男生就是天性風流一事來做背書。喔，當然，必須是「好女色」才能證明妳是「正港男子漢」。此外，在文本上可以發現（異性戀）男性生產的性文本不止量最多，也同時佔據社會最主流、最大聲的位置，相較下以異女或同女觀點來生產的性文本可以說是少之又少，兩者加起來可能還比男同志的文本來得少。

造成這樣的性別差異，是因為女生不好色嗎？認識這麼多腐女後，這個答案很肯定的是：錯，女生是很好色的。應該說，是這社會不鼓勵甚至不允許女性好色；別說女同志好女色了，就連符合「正常」標準的異性戀女生好男色時都必須保持「收斂」和「淑女」的態度，才不會招來外在異樣的眼光和竊竊私語。

在這樣的社會脈絡下，許多腐女在剛接觸ＢＬ裡的性描繪或是被他人得知自己在看這類文本時，會感到不好意思、很丟臉或是緊張，這些都是可以預想到的反應。而在女性情慾文本相對稀少於男性的情況下，加上既有的異性戀情慾文本（如Ａ片）充斥著男性中心的思維時，有些腐女除了消費ＢＬ外，還會從挪用同志資源當作自身情慾學習和理解男體的一個途徑。

N：第一次接觸GV是高三跟朋友一起看的，因為那時候學校每間教室都有電腦跟網路，我們幾個腐女朋友都會留校。留校在學校都不是念書而是上網，後來其中一個朋友發現一個叫G世代論壇的同志網站點進去看到的，因為沒看過所以需要一起看壯膽，當下一直很慌張地轉圈圈，後來馬上就關掉了。

我：為什麼會關掉？

N：就受到心靈衝擊，那時候還沒有真正看過活生生的男體吧⋯⋯太真實了心靈受到衝擊，畢竟小說遊戲都不是真實的。我覺得那時是在做心理建設，假設說我在還沒有性經驗之前就先看了這些東西，將來我看到會比較有心理準備，不會一下子就「呀！這是什麼？」

我：妳是說看BL或G片會有這樣的狀況？

N……嗯嗯！可能心理有一些準備「喔……我看過」，就會比較冷靜，不會說「啊！什麼？」

N的經驗點出，對腐女來說閱讀BL或是挪用同志的情慾文本（GV）是了解男性身體或情慾資源的管道之一。此外，N在後續也表示，自己所喜歡的男體類型，有時候在既有女性創作的BL作品中是較難找到的，所以她反而會從男同志的文本中去尋找。

N……然後我也蠻喜歡看同志向的BL漫，就是那種男同性戀漫畫家畫的，像是田龜源五郎那種漫畫家畫的漫畫，就是男同志圈的漫畫。

我……妳是喜歡看裡面什麼部分？

N　一是肉多，另外就是我很喜歡筋肉受，但是市面上女生的BL漫其實畫不出這麼筋肉的，大部分都屬於精瘦的類型，這樣有時對我來說不夠……就視覺快感上來說，所以我有被人家說過我的口味很男性向。

我　所以妳自我認同是異性戀？

N　是啊，這麼喜歡男生對不對？我希望有一個大胸部的男生可以讓我捏就好了！

我　大胸部的男生？妳是說胸肌很壯？

N　胸肌，對。像美國隊長那樣！雷神索爾那樣！雷神索爾真的好棒！所以我被朋友說我口味很gay。

N對男體的喜好（筋肉及大胸肌），有別於BL文本中女性作者創作的男體，為了滿足自己對於筋肉受的喜好和視覺上的快感，開始在男同志創作的文本中去尋找。類似於N的經驗，受訪的腐女裡也有一些會觀看GV來作為自身情慾建構的資源管道。

最令我不滿的是A片中沒有帥哥全部都是中年大叔，不過幸好G片裡都是帥哥……因為G片基本上都是女生看的，A片基本上都是男生看的。男生看的話應該會覺得女的樣貌跟身材比較重要吧。（Tiff）

我……妳的口味很重是指到那種程度？

月瞳……高H跟SM以上吧。鬼畜對我來說可以算是小兒科吧，現在的話我比較喜歡看GV，特別是軍人類……像是美軍的，我之前有看日本Coat West的，但是看久了真的有點不夠，太清淡了還沒到我想要看的那種程度……所以就轉看老外了，他們感覺比較不會在演戲，那種要來就來的感覺。

我　　那妳看GV的時候會特注意片中那個部分？

月瞳　　主要是身體吧，就……胴體肌肉啥的，動作佔40％，我喜歡那種眼神妖豔的大叔然後身材修長有肌肉那種，會特別看舌頭和腰的部分，動作和表情最好要很清楚的表達出他們很需要那種（握拳）。（註：「握拳」是受訪者用來表示很興奮或贊同的補助表達用語。）

雖然現實跟Tiff聲稱的可能不同（關於G片的受眾到底是女性還是男同志觀看的居多？這可能需要做研究），但是從Tiff和月瞳所分享的經驗可以看到，為了擺脫既有父權下對女性情慾的束縛以及異性戀色情文本的桎梏——A片都沒有帥哥、女性是被動或被支配的位置——部分腐女除了閱讀原本的BL文本外，也會向外尋求同志文本作為情慾建構的資源之一。

接著問題來了，如果說腐女們會從BL或G片當中尋求情慾資源，那麼觀看這類男男戀和性愛的文本時，是否會從中得到情慾上的快感？我訪談的腐女們，都表示或多或少會有心理或是生理上的快感。

Bony　我會偏好看R18的（小聲）。

我　怎麼說，為什麼？

Bony　也沒有……就是看到R18就想點進去，下意識反射動作就覺得有R18的就一定要看一下R18的不是嗎？

我　妳是說相較於清水，有R18更好是這樣嗎？

Bony　我是還滿怪的……看那種R18系列的，可以放鬆我的大腦，看到我就特別想點進去（註：指網站上的十八限的BL文章。）

對Bony來說，觀看BL文本中性描繪的部分是讓她自我放鬆的一種方式。除了放鬆，BL描繪男性之間愛戀情感及性行為的場景，也會讓她們從中得到快感。

不過我個人比較偏好R18，我滿十八歲一定會看嘛……好啦，其實沒有滿十八歲就已經在看了，因為我覺得肉文看起來就是有那種爽度在。不管是虐心的、虐身的……就覺得很high吧，就像男生喜歡看A片一樣，而且有時候我會看一些鈣片。（六隻羊）

我覺得如果他們真的寫的很好的話，身體會有反應，會濕這樣……在那種文字的閱讀過程，妳會很容易進入狀況。（蚊子）

看到男生有痛的才會有快感，我覺得我對男生的菊花被插這件事情有特別的喜好，至於在生理上臉紅心跳也會、下面的感覺也會，然後……會濕。（鴨鴨）

我覺得心理上生理上應該都會有。（夏燁）

看到激烈的場景會心跳加速，甚至會屏息。看完之後會有滿足感。（狐狸）

愉悅和快感都會有呀，而且有些還可以產生共鳴。（縮惜）

會有點興奮，應該是說很「愉悅」……主要是心理比較多，生理多少會有一點，但是沒那麼強烈就是了。（月瞳）

在BL裡對於男性之間性行為的描繪，可以成為腐女閱讀後情慾快感的來源，不管是六隻羊所說的「有爽度在」、鴨鴨和蚊子所提會有生理上下體濕潤的反應，或是其他腐女自述心理上的快感等。此外，對某些沒有性經驗的腐女來說，藉由閱讀BL所產生的情慾快感，也讓她開始了解自己身體的反應。

喵喵……如果以另外一種方式來講的話，就可能是……沒有男朋友這樣子……就是不管是異性戀或同性戀，沒有另外一個比較好的伴侶的話，就會感覺上有一點少一塊那種感覺，所以閱讀BL會得到一種慰藉或快樂。

我：那看H場景會讓妳有快感嗎？心理的快感跟生理的？

喵喵：有，可能我本身現實生活中沒有性經驗，所以可能看完以後發現原來會是這樣的感覺。就是會從BL作品中去理解到這樣的快感……心理上應該會有，生理上其實就還好，除非妳一次看一兩本這樣子。

對於沒有性經驗的喵喵來說，BL文本中男性之間性行為的描繪以及反應，成為她理解自身情慾快感（不論是心理或生理）的管道，如同她自述「發現原來會是這樣的感覺」。在看BL時她不單單只是單方面接受性描繪的快感，閱讀過程中所引起的自身快感也呼應著文本中的快感描繪，兩相對照和呼應下，讓她能從中理解自己身體的反應和感覺。Gusa將經驗這種快感的過程，描繪得更加細膩、深刻。

我：那妳看BL中的性愛場景會感到有愉悅或快感嗎？

Gusa……有啊！麻痺感……就其他的事情都不重要，像毒品那樣，令人上癮的麻痺，隨著他們的做愛步調呼吸起伏、喘不過氣，不就是如此。

除了藉由ＢＬ文本來建構自身的情慾資源外，部分腐女也會從ＢＬ的性場景中，試圖去描繪自己當今或往後性關係的理想圖樣。

我喜歡他們在做愛時，攻會在受的耳邊說一些令人害羞的話>///<（註：害羞的表情符號），這會令我覺得很興奮，其實我希望我將來的對像也會這樣對我。（Tiff）

小冠……我男朋友說我看完都會想去磨蹭他，就會抱著他。他就說：「妳剛剛又看了那個東西吼！」我男朋友都說：「妳沒有發現妳每次看完漫畫都很喜歡過來跟我抱抱嗎？平常說跟妳抱抱妳都不要，妳都嫌我……。」，因為我只要看完ＢＬ就會跑去跟他撒嬌。

我　為什麼妳會有這樣的反應？

小冠　不知道耶，就覺得看完……。

我　很開心？

小冠　對啊！

我　很希望有人可以這樣？

小冠　對啊，就去磨蹭他……他說：「妳很煩耶！妳又看完漫畫了。」

在閱讀ＢＬ的過程裡，腐女們不只從文本接受對性和情慾的描繪以及快感，她們也在為往後自己的親密關係描繪出一個理想圖樣。此外，對於有男友的小冠來說，閱讀ＢＬ所產生的愉悅和快樂，是讓她想和男友親密接觸的觸發點。

腐女們藉由ＢＬ文本和挪用同志文本，建構出自己的情慾自學方案。ＢＬ中性和情慾的描繪不但促使腐女們了解自身的情慾快感和展現，對於自己往後的親密關係和想像上，有了可以參考的藍圖。然而，在看似單純以男男性行為描繪的快感中，其實蘊含腐女對親密關係的想像以及嚮往：性愛合一的圖樣。

性、愛糾葛與其極致：男男生子

喜好Boy's Love的讀者還真是罪孽深重的貪心生物呢！貪婪的性愛野獸無法滿足他們，但只是述說戀愛的木訥書生又無法讓他們滿意！

——三浦紫苑，《腐與趣不只是興趣》

許多位受訪腐女表示，縱使自己會偏愛R18的BL作品，但是她們要得並非純粹肉慾，也不只是單純追求性的快感或描繪，重點在於整部作品劇情的鋪陳和兩男關係的描寫。

其實我看BL裡面配對主要是看他們兩人的感情關係跟平時的互動表現，我是看他們兩人愛的多深、還有愛的表現、怎麼愛對方。如果是G片的話，有些G片只有H的過程，我比較喜歡找前面有劇情或有前戲。我最喜歡看BL的兩個男生接吻……我沒有特別喜歡看他們H的過程，畢竟接吻就已經代表愛了，因為有些人只會H不會接吻。所以我覺得說，如果妳們兩個互相喜歡，可能要接吻給我看我才會覺得妳們兩個是互相愛的，所以G片的話我會找有互相接吻的。（雞蛋）

喵喵：第一次看到G片……其實我覺得跟我看得小說裡面內容差很多。

我：BL作品跟G片差很多？差在哪？

喵喵：因為我是比較喜歡它文字的描述，那其實G片比較接近於原始的慾望的那種感覺，但我比較喜歡描寫情緒的那種文字。

我：所以G片本身比較少有這樣的描述？

喵喵：對……通常就是……到後來就開始搞、一直搞、一直搞……。

我…………所以就沒什麼特別想看的。

喵喵…………對，沒有說很吸引我。

小冠…………我覺得一定要有劇情，不要一開始就一直做……。

我…………覺得沒什麼？

小冠…………對，覺得只是在……很像在看Ａ片的感覺……怎麼沒幾頁就開始做了是怎麼回事啊？劇情呢？

小妍…………劇情很重要！有前奏、面對面的有心靈溝通，不只是肉體的接觸！

我……**也就是說心靈和肉體必須合一？**

小妍……是的，這才有愛啊。

雞蛋、喵喵、小冠和小妍雖然訪談時都曾提及自己比較偏愛或是只看高H的BL文本，但在討論到怎樣的性描繪是她們所愛的時候，都共同指出劇情編排和關係描繪是非常重要的。除了覺得沒有劇情而單只有性描繪的文本很無趣之外，她們四人的說法顯示，**腐女追求的BL性描繪必須交待兩個男主角情感關係的發展脈絡，腐女要看兩人之間的情感交流是如何傳達出彼此相愛的程度。**

N……我覺得女生創作的BG作品和BL相同的部分就是都會很重視情感交流吧，就是都很在乎兩個人之間的愛，就是有性的交流，但愛的交流也一定要有。

我　就是性跟愛要在一起？

N　對對對，應該也是關係到創作者是女性跟閱聽者是女的，她們需要雙重的刺激才會有感覺。對大部分女生來說，以愛的前提就是一切都可以，沒有愛就一切都不行，相反的男性向就是沒有愛也可以！很簡單，只要有抽插就好了，對男生來說所謂有愛，就是「妳的身體帶給我好大的快感！我好愛妳！」這樣子，然後我就想說那是愛嗎？

N點出BL作為女性創作及女性消費的情慾文本和既有男性向文本的差別。她比較男性向和女性所創作的文本，發覺男性向的作品大多聚焦在低情感和高強度的性描繪，相較之下，對女性閱聽人來說，在性描繪的過程中，角色之間的情感描繪是不可或缺的，唯有愛與性兩者的「雙重刺激」同時在作品中呈現，才能獲得女性的親睞。

我們可以說，腐女對於性與愛的追求是一個脈絡化的過程，雖然許多腐女在訪談時會自嘲自己不自覺或是偏愛挑高H的BL作品來看，但在評價這部BL作品是好是壞時，她們是同時將愛與性兩者放在天秤上做衡量的，而非單單只有性就能滿足她們。

說到這，我還是要跳出來插個話，雖然訪談的大部分腐女屬於「性與愛的雙重刺激」的類型，但不可否認，也有部分腐女是完全可以撇除情感描繪而偏愛吃肉的類型，也有偏好虐身劇情的腐女要的是「虐男的快感」，未必須要交代兩男之間的愛戀關係。

其實我想像的畫面不一定有愛耶，施虐的那個人搞不好根本沒有臉，是男的是女的也不重要，可是重點是受虐的那個人是男的。他怎麼流血、他哪裡流血……我覺得我喜歡看R18是因為會痛，戳進去的時候小受會痛，我想要看他痛！我其實不見得是想看sex，就是想看他痛……剩下的就是看劇情了，只是R18有加分，因為會痛！其實只要讓他痛我都覺得是虐身，但是當然有流血或是創意的方法，什麼電擊棒啊、蠟燭……更好，也不一定……蠟燭有點老梗，但還是不錯的，玻璃瓶啊、水管啊……俄羅斯用水管（註：APH裡的俄羅斯）。（鴨鴨）

回想當時，我覺得自己能訪談到鴨鴨是一件非常幸運的事，原因是早在我剛接觸ＢＬ時，就有碰到所謂「獵奇」或「黑暗系」的作品，舉凡斷手斷腳、愛到把對方吃掉（字面上的意思，並不是……嗯……性上面的吃掉）、監禁綑綁虐身、輪暴、弄瞎眼睛、放血等等。我必須承認，當時完全不能接受這類作品，某種層面可以說是「生理上的排斥」，只要看到就會馬上關掉視窗，後來隨著接觸的ＢＬ作品變廣變深，以及訪談到鴨鴨和幾位專吃重口味的腐女後，才開始用比較「正面」的態度來看待這群喜愛獵奇作品的腐女們。

為何說是正面的態度？有兩個理由：第一、ＢＤＳＭ（或中文的簡稱「皮繩愉虐」這四個字）在性道德的大旗下一直是個被貶抑的性少數族群，歷史及事實證明這是人類性慾向度的一個多元面向，就跟性取向的差異是一樣的，因此腐女中有這種慾望的人以及相關創作乃是很合理、正常的。（有興趣的可以上網認真閱覽ＢＤＳＭ相關資料。）第二、我之前曾跟某同志社的社長（男同志）聊到ＢＬ，他說自從看到某ＢＬ作品裡「陰莖被綑綁壞死甚至被塞進藥丸」後，他就從此有「陰影」。他當時的敘述語氣和表情，馬上讓我聯想到那些批評Ａ片女優矯情模樣的腐女。我想表達意思是，**ＢＬ作品中大量玩弄男性身體的橋段及畫面，其實是對父權文本中被操弄女性身軀的戲謔及反諷，甚至可以用暴動來形容。在過往性文本中，女性的身體是被男性給觀看和操弄的客體，但ＢＬ「以其人之道還至其人之身」，藉由同樣的方式和手法，把男性放在既有女性的位置並生產這種讓男性感到不舒服的文本，而這挑戰男性身軀的優越位置。**

當今ＢＬ文本，**我們可以看到妄想的無遠弗屆，當中最極致的例子之一便是「男男生子」。這類型作品的出現，可以說是腐女對於性與愛共同追求的極致表現——愛與性可以跨越生理現實，讓男性可以生出小孩。**

我：那妳會喜歡擬似家庭的BL作品嗎，就是男生跟男生結婚生下小孩？

泳茵：喜歡，因為這樣覺得感情和關係才完整，可能我有點傳統吧，覺得家庭裡除了相愛的伴侶外，有小孩才會顯得完整，我喜歡一家人的感覺，那種感覺很溫馨。

因為我很喜歡漫畫裡面出現小朋友，就很溫情，比較有像家庭的感覺。（小冠）

男人生子的部分，因為我有時候覺得……同性之間的感情再怎麼堅持，就算結局是HE，有時候還是有一個遺憾，就是沒有小孩子，因為有小孩子的世界跟沒有小孩子的世界其實不太一樣。（小蒼）

許多表示喜歡男男生子類型BL文本的腐女，都提到看到BL作品中兩個男角彼此情感穩定，會覺得如果有小孩能代表一種「完整」、「完滿」或是家庭式的溫馨。這類慾望和喜好，促成男男生子的創作和文本出現，縱使現實男性在生理限制上並不能懷孕和生小孩，但在文本創作上腐女們可以無視現實法則，單純將兩個男性之間的愛與性揉合，產生所謂「愛的結晶」——小孩的出現。對有些腐女來說，將男性的身體予以具有生育能力的設定，是一種試圖顛覆父權下父母權力位階的展現。

我…………妳會喜歡男男生子的作品嗎？

貓貓…………會！新婚夫夫的生活最萌了！生子我很喜歡！

我…………為什麼會喜歡啊？

貓貓…………可以說我在生子的劇情裡把小受當成了一個女強人的角色，一個可以獨立的媽媽角色，而且啊，媽媽反攻成功可以讓爸爸當媽媽。

貓貓將ＢＬ裡面的小受當成女強人，在跨越並忽視男性生理上不能生小孩既定限制後，受的反攻是可以讓「爸爸當媽媽」，在都是男性的單一性別脈絡下，爸爸與媽媽這兩個性別化的稱呼在社會所被賦予的性別含意及權力關係便產生了質變。兩者根本性差異的理由，在於男男生子文屏除掉既有男女之間的性別差異，免除因差異而被父權下賦予「自然化」的差別對待和性別意識形態。

三埔紫苑自嘲：「喜愛ＢＬ的讀者真是貪心生物呢！」從上面眾多腐女的發言，可以看到女性的慾望——不論是用什麼名子來稱呼——其實深不見底、完全不輸給男性。只是在父權的束縛下，才讓女性甚少表達、說出自己的慾望。過往，女性的情慾資源大多寄託在羅曼史、言情小說、少女漫畫等ＢＧ類的女性向文本，隨著時代趨勢的改變，ＢＬ逐漸浮上檯面，並與以上三種類型並駕齊驅，甚至超越，成為女性向文本的主幹，這樣的社會現象意味著什麼？我有些預想的前景和推論，先賣個關子，留待最後面再回答。

我們先來看看ＢＬ文本給腐女們帶來「知識」上的啟發。

菊花與前列腺的秘密：得知男生性感帶的秘笈

用這個來當標題真的讓我內心踟躕許久……但除了這五個字（別問我是哪五個字XD），其他字彙都很難傳神表達出下文要講的主題。（掩面）一言以蔽之，接下來要回答的問題是：「觀看BL是否會讓腐女們了解到男性的生理構造及相關的性知識？」

我……妳覺得BL中的性愛描繪，會讓妳對男生的生理有怎樣的認知或改變？

そう伊達廚……就是了解他們的生理吧，像是了解男生的性感帶或是身體那些部位比較有感覺，像是下面……乳頭、耳垂等的，未看BL之前覺得男生根本沒有必要要乳頭啊！沒有意識到乳頭會是男生的性感帶。

我……妳覺得看BL會增加妳對男性身體的了解嗎？

小妍……是會的，對男性的敏感點更清楚了，還有什麼脖子啊、乳頭啊那些。

Gusa……我對男生們非自主性勃起有了更多理解，只要是不小心的接觸都有勃起的可能。

我　所以看ＢＬ讓妳覺得男生很容易勃起？

Gusa……只能說是意外大於自主。

有耶，會多了解一些，可能一開始也沒有那麼清楚，後來就……像是Ｈ時候的模樣，雖然是文章但是會比較清楚男生的生理反應。（岑芳）

受訪的許多腐女都表示，未接觸ＢＬ之前，對於男性身體以及男生性感帶等都不怎麼了解，在看過ＢＬ中性行為的描繪後，就開始理解到男性的敏感帶不是只有陰莖（其他如乳頭、耳垂等），對於男性的生理反應也有更深入的了解。

除了了解男生的敏感帶，部分腐女也對「男生之間的肛交以及其生理快感機制」感到好奇。

其實我小時候大概國小五六年級，一直很好奇男同性戀到底要怎麼做愛，所以我後來才知道原來後穴（註：肛門）有這種功能，第一次有這種感覺。（夏燁）

應該多少會有影響，像什麼叫前列腺，然後還有什麼69啊什麼的體位……之前也都不知道，都是看了BL才知道。（喵喵）

會知道一些男生的生理變化吧……雖然我不知道那是不是正確的，比方說插後庭（註：肛門）前面會挺，或者是會被插到射，但至少會聽說這件事情。（鴨鴨）

我一開始也覺得乳頭沒有用啊、菊花沒有用，可是後來看了之後才知道乳頭有性感帶的功能，菊花的深處可能也有性感帶啊。攻方如果他的那個比較長的話，他可能會頂到他的大腸柱，有異物推擠的話可能大腸就會收縮，會更加的包覆之類的，原來大腸的功能除了推擠排泄物之外，還可以取悅男人的功能，就覺得大腸其實滿偉大的。（雞蛋）

我還特別去觀察前列腺的位置在哪裡，我很興奮跟我同學說：「那個前列腺的位置真的在肛門的裡面耶！」我同學就說：「妳講太大聲啦！」去看展覽的人很多，我還很興奮的在大廳跟我同學講，因為它都有標明那個器官的名稱，真的在旁邊耶！（小冠）

閱讀ＢＬ的過程中，有些腐女會主動搜尋男性之間的性行為和相關的知識或訊息，小冠、雞蛋和喵喵都對男性擔任被插入方（受方）是否會有快感有疑問，進而對前列腺高潮感到好奇，不管是從網路資訊或是同志文本來尋找答案，也在尋找過程中間接理解到男性身體的某些生理機制。當然ＢＬ作為某種程度的虛構性、妄想的特點，在性描繪和生理構造上有誇大、甚至不合理的地方，例如攻方一夜九次郎、剛射完繼續提槍上陣（真有這種１存在，那就不單是天賦異稟可以解釋，根本是怪物……Orz）、小受菊花會流出不明液體、精液灑得滿身都是、超高難度甚至不合身體力學的做愛姿勢等。事實上，這些問題許多資深腐女都有意識到：

我有看過人家解釋實際同性戀之間做的話，基本上什麼射在裡面會導致拉肚子，可是有些人就是真的沒辦法理解，因為我看過有人在吐槽ＢＬ小說裡面實際的知識，比如說肛門不可能有什麼液體分泌……有的話應該是那個傢伙流血或怎樣。我想說對，我可以同意。因為我不能理解為什麼那邊戳一戳就會流，又不是女生……很多就是誤導啊！甚至有的漫畫是把男生那根綁住，就不要讓他射什麼的，就有人講說，妳要是真的讓他射不出來的話，要綁到真的快要壞死的狀態才會射不出來，每次看那個我都想說……他真的射不出來嗎？他那個會壞掉吧！哈哈哈！（六隻羊）

應該是說小時候上性教育課的時候，老師頂多跟妳說男性的性器官是這樣，但老師絕對不能講說男生的敏感帶在哪個部分。所以我覺得ＢＬ多少有讓我了解男生的敏感帶吧！不過我覺得ＢＬ應該有一些是虛構的啦，像說我絕對不相信有人初次就直接進去，完全不會痛還不會流血，好像太over了。（Bony）

看到這裡，我們就曉得「天下烏鴉一般黑」，（異性戀）男性向的Ｈ漫以及Gay漫也有眾多對女性及男性身體描繪不合理的地方。如果換個角度來看，**ＢＬ裡面這種對男體誇張或虛幻的性描繪，正意味著女性開始能擺脫父權的禁錮，藉由妄想進而「肆無忌憚」的玩弄男性身軀，以達到或滿足自己想要的男性模樣或情慾快感。**

且讓我們撇除ＢＬ裡面不合理的生理描繪，ＢＬ文本確實開啟了一扇窗，讓許多女性開始踏上性啟蒙之路。或許，有些人可能會吐槽：努力錯方向了！XD

PART.4
腐女的
入櫃與出櫃停看聽

「個人即是政治的。」（Personal is political.）這句話意思是**看似個人的生命經驗，其實是集體社會現實的展現**，這是本書的核心精神，也是我書寫、出外演講（不論是在校園場域講述認識同志或是ＢＬ、腐女講座）念茲在茲的重點。

一路讀下來，各位會發現我引用非常多訪談時逐字稿，目的在於：**讓腐女們說出自己的生命經驗和看法。腐女們看似個別又私人的生命經驗，其實是社會集體現實的展現；而這些故事，會回過頭來告訴我們這個社會的樣貌以及出了什麼問題**。

還記得前面談到「禁忌」嗎？挑戰禁忌的確會帶來快感，但千萬也別忘了，禁忌之所以為禁忌，是某個主宰社會體制者——例如父權、異性戀霸權——所劃下的。接下來，讓我們看看腐女們在挑戰、跨越那道禁忌之牆的同時，付出了什麼代價。

以父／異之名：挑戰禁忌者所受的制裁

我也想過要把這興趣隱藏起來，要知道人生總不可能都是快樂的。隱藏久了，就會覺得很累。這跟社會上的禁忌還是有關，怕不被認同，畢竟是從網路上學到的，妳並不知道身邊的人對妳喜歡這種漫畫抱有什麼感覺，是敵意還是什麼的。……本身確實知道外面有同好，但是她們都在海外，怎麼來救我？感覺有點像日本超能力漫畫中能夠跟星星溝通的女主角吧，知道自己有秘密，可是又不能說出來，但是這樣狀況久了就會累，而且長大後，了解世界是很遼闊的，知道這麼一點事情是不會改變世界的。（雅典娜）

雅典娜受訪時，是個正就讀心理學博士班的資深腐女，回首這段話，仍然撼動我的心弦；或者可以說，只要將文中BL替換成同志身分，便是許多同志切身經驗的寫照。

受訪的腐女中，有超過三分之二曾因腐女身分或是ＢＬ這興趣，遭受過外在環境或輕或重的不友善對待，無論是在學校、家庭、抑或是網路虛擬空間中，腐女們對ＢＬ這「禁忌文本」的熱愛，讓她們成為父權體制及異性戀霸權的眼中釘，而ＢＬ以同性愛為主軸的特色，更讓同性戀所背負的汙名延伸到這些腐女及ＢＬ身上。在眾多指責和懷疑中，我認為就屬「腐女因為愛看ＢＬ，所以會變成女同性戀」這點最為荒謬。

很多人知道我是腐女，父母也都知道，但是各種反應都不同。跟我妹說的時候，她覺得看ＢＬ是變態、噁心的行為，但我沒回罵她，畢竟每個人的看法都不同，父母對這件事情是中立的，只要我看ＢＬ只是當成興趣不會變成同性戀就可以，朋友們也是中立的，覺得這是我的個人興趣。（泳茵）

因為我爸比較排斥同性戀，我是沒有讓他真的很over看到一些很奇怪的東西，不過據我看他看我妹的東西應該基本上也夠本了。……我是覺得同性戀不同性戀這個也沒什麼，不過我爸是有跟我講不要搞同性戀，我想他應該是很擔心他的女兒嫁不出去。（六隻羊）

我：妳當初是抱著什麼想法或是期待來參加這個訪談呢？

小蒼：想讓大家多了解腐女、多了解同志，同志不是病也不是瘟疫，他們跟我們所有人都是一樣的，腐女也不是喜歡看同志或是本身就一定是同志，這個世界給我們這個族群太多枷鎖跟刻板印象。

我：妳提到的刻板印象是指？

小蒼：有些人認為腐女等於同志，這是不一定的。

我：妳有遇過這樣的人？

小蒼：有，一堆，光是我受到我媽的騷擾就……。她的態度我不知道是不是反對ＢＬ，但她會說妳不要喜歡女生喔，妳不要帶女朋友回家喔。

我：所以妳媽媽擔心妳看ＢＬ會變成女同性戀？

小蒼……嗯，她應該是擔心這個吧，又加上我有一陣子的打扮趨向男性（跟BL無關，純粹喜好），所以讓她有這樣的誤會吧！雖然我有跟她解釋，但她都不相信（聳肩）。

我……那妳哥哥跟弟弟知道妳喜歡BL嗎？他們有什麼反應呢？

小蒼……知道啊，他們不喜歡（一定的嘛！），他們會說很難想像畫面，他們覺得同志沒什麼，但他們沒辦法接受GV，他們說GV很噁心！XDD

我……所以妳的家人知道妳的腐女身分或興趣嗎？

夏燁……知道，全家都知道。

我……妳剛剛有提到，妳媽有一點不太能接受？妳怎麼知道？

夏燁　就是有一天……我們家吃飯會全家聚在一起聊天，我就那時候講，結果我媽就表現出不太能接受的樣子，她很擔心我們家三個女兒變成同性戀。可是我爸認為說當同性戀好，因為他說如果是男生一定會欺負女生，所以妳找個女生他也沒什麼意見。

我　妳爸是這樣說？

夏燁　我爸自己說的。

我　可是妳媽擔心三個女兒會變同性戀？

夏燁　她比較擔心我，因為我有在看ＢＬ。

我　其他兩個沒有在看？

夏燁　嗯。

我們可以看到腐女身為ＢＬ作品的代言人，加上ＢＬ又是描繪男性間同性愛的文本，在這樣的脈絡下造成一個連結性：**ＢＬ在外人眼裡等同於同性戀，而愛看ＢＬ的人就無可避免的被懷疑、揣測其性取向是否也是為同性戀，這樣的連結之強烈性有一個背後隱藏的恐懼，也就是閱讀或消費ＢＬ文本會造成閱聽人性取向的改變。**腐女們的親身經驗，顯示她們父母真正在意的並不是ＢＬ作品的內容本身，而是擔憂女兒會因為看了這些「同性戀漫畫」，影響、動搖對異性戀的性取向認同，這樣的擔憂、害怕其實和社會上對同性戀的不了解以及恐懼是息息相關的。

為何我會說這種顧慮頗為荒謬呢？理由很簡單，絕大數的同志在成長過程中，閱讀或接觸到的異性戀文本遠遠大於同性戀文本，但也沒有因此讓同志的性取向「改正」回異性戀者，這種顧慮和擔憂本身背後的心態，其實就是視同性戀為「不正常」所致。在這樣的觀念及ＢＬ文本中赤裸裸的同性相戀劇情影響下，引來許多家長對女兒不必要的擔憂及恐懼。

父母親的「憂慮」以及對同性相戀文本的排斥，甚至厭惡，導致許多腐女在家中必須偷偷來。

> 發文者：大家，由於咱家爸媽逼著加我好友（註：臉書好友）所以很多圖我都不能回應惹……。（他們說看到ＢＬ的圖片會不舒服……。）

回文者：可是在秘密社團裡，外面應該看不到動態啊？
發文者：如果我回應了好友就會被看到的樣子。（不知道為什麼，還是我爸媽執念太強……）
（社團）

我：妳當初是抱持怎樣的動機或想法來參加這個訪談呢？
貓貓：大概是不能光明正大的腐吧。
我：是有遭遇過什麼經驗讓妳這樣覺得？
貓貓：當有人看到我在看ＢＬ的時候，常常會遇到「啊啊，原來妳是變態！」這樣子的眼光。還有就是我的家庭背景蠻保守的，連ＢＧ親吻場面也不允許，雖然我偷偷收集了不少言情小說。
我：所以妳父母或兄弟姐妹知道妳喜歡ＢＬ嗎？

貓貓　目前是不知道的，因為我比較少收實體書，如果要給他們知道的話……大概要等到我結婚那麼晚吧。

我　妳的顧慮或是擔憂是什麼？

貓貓　在家裡的時候也只敢三更半夜裡偷偷看，我會擔心「純潔的女兒」這樣子的形象被破壞吧，我不想要被我媽媽鄙視啊！（抱頭）

腐女們的雙親在得知女兒喜愛看這類作品後，對於文本中出現的男男戀描繪常常抱持著反對或不喜歡的態度，這樣的情況迫使腐女們必須以低調、隱藏的方式，來避免父母親不友善的眼光，除了不能回應網路社團內其他腐女的發文、發圖之外，貓貓的例子顯示腐女閱讀ＢＬ作品時，還必須面對其他人對她們的興趣投以不友善的眼光；家裡的處境更讓她只能在三更半夜裡偷偷看ＢＬ，甚至表示必須隱藏自己的喜好到結婚才能公開。之所以會這麼害怕，是擔心「純潔女兒」的形象在母親得知她在看ＢＬ後會被破壞殆盡，這點從她自述她們家比較保守，甚至連男女親吻場面也不允許可以窺知一二。

ＢＬ作品中的性描繪內容佔有一定的比例，**觀看這類描繪男男性愛的作品也就打破了貓貓所說「純潔」的形象——父權體制下認定女性應該要對性一無所知**。這樣的擔憂，讓許多腐女必須想盡辦法隱瞞自己喜歡ＢＬ的興趣，否則會面臨要被「矯正」的對待。

我的腐性算是半公開了吧……上次ＢＬ書被我媽發現，後來感覺他們在努力改變我的興趣。（社團）

當同性戀被社會認為是一個不可欲且汙名化的他者，伴隨而來的就是對ＢＬ這類描繪同性愛文本的反對和忌諱，進而影響到腐女們的父母親嘗試以「軟硬兼施」的方式來影響自己的女兒不要「誤入歧途」。在學階段的腐女們，除了要應付家中父母的「關愛」，還要面對學校同儕負面甚至不友善的回應，這當中就屬言語上的批評和攻擊最多。

我跟以前國中的好朋友分享說我最近在看ＢＬ，她們就說：「蛤？妳怎麼在看這些？」那個臉就是一副很噁心的那種感覺。然後有幾次跟異性朋友講這些的時候，他們就說：「很噁心啊……妳把這些東西收起來藏在妳家床底下，不要給別人看到！」就很多一些不好的字眼就講出

來……噁心、變態、人渣……之類的，之前還遇到有一個非常激動，他跟我講說上帝創造人類就是該男人愛女人，男男這種東西他們根本只是愛屁眼。（雞蛋）

我……當時妳有聽到他們針對妳喜歡ＢＬ或ＢＬ作品說些什麼嗎？

小怡……你說那次在學校被他們看到嗎？他們就「哇！」在那邊喧嘩……感覺他們好像有種……怎麼說呢？眼神感覺他們在歧視的感覺，不過當時其實我們班還有一個喜歡ＢＬ的，然後我們有時候也會在那邊聊，就是……反正學校其實知道的人不多，只有一兩個，可是他們看到那種就會有「咦……很噁心」那種感覺。

受訪的許多腐女表示，針對ＢＬ的言語攻擊大多都是用「變態」、「噁心」等詞，這類詞彙很明顯是針對ＢＬ中的男男戀和性行為而來。雖然ＢＬ與現實的同性戀並不相同，然而文本中大量的男男戀和性行為描繪，無可避免的碰觸到異性戀霸權下的敏感神經，在主流論述下，同性戀作為不被認可的情慾關係，被排除在既有的認知框架下。

為了排除ＢＬ這「異端」和維護異性戀霸權的合理性，使用「變態」指稱ＢＬ／同性戀的不符合常理，並用「噁心」加以汙名化。在這樣的情況下，腐女對於ＢＬ的熱愛以及其身分認同，成為恐同症的另一個攻擊標的。

雖然我們班上同學都已經知道我是腐女，可是他們都很難接受。他們有時候就覺得奇怪妳為什麼要看這個，動不動就說什麼妳很變態、妳很噁心。另外像我哥也是啊！他有一次就對我說他們班上有腐女，他說：「天啊！超噁心，她們都在看什麼東西，兩個男的到底哪裡好看啊？」他在我面前說這個……很噁心，他不想靠近那兩個女生，我心理就想說：「拜託，你眼前這個就是腐女好不好？」所以我在家也都要很克制，不要讓他看到。（岑芳）

由於腐女的身分是伴隨著ＢＬ而定義的，攻擊ＢＬ的詞彙多半衝著腐女而來。岑芳哥哥的說法，不只標示出ＢＬ／腐女是一個「不可欲」的位置，更讓岑芳知道自己的興趣是不可以被哥哥知道的事情，因此絕大多數的腐女在自知自己是「少數」的情況下，會選擇忍氣吞聲或是低調處理。

除了言語上的攻擊，腐女本身收藏的ＢＬ作品也可能成為恐同症下的犧牲者。

我哥哥有次看到我丟在客廳上的ＢＬ漫畫，然後就跟我說：「婷啊，妳下次可以買些正常點的漫畫嗎？」也就是那次我媽媽知道我有在看，她知道後有一次在半夜三點吵醒我，問我那些漫畫是從那裡來的，我就說是朋友送的，然後她就說：「不要看那些漫畫，不然我把它全燒了。」（月瞳）

如果被父母知道自己是腐女的事實妳覺得會被？其實我的漫畫與自己畫的圖都被我父母撕了……（哭哭），我的電腦圖全被刪了。（社團）

同性戀作為不可欲的他者，對於異性戀霸權乃是必須除之而後快的對象，ＢＬ作為描繪男男戀的文本因此成為其「禁書」名單，如同月瞳和社團發文者經驗，當父母發現女兒在看這些「不正常」的書籍時，除了口頭警告之外，對於同性戀的恐懼也讓他／她們無法接受ＢＬ文本的存在，而要焚書和刪除檔案。

BG可！BL不可！談雙重審查標準

不只腐女們必須面對日常生活中種種的歧視眼光和不舒服的人際互動，BL文本在審查上也面臨雙重標準。

剛接觸BL那陣子，每當我到實體書店購買漫畫時，憑藉著「有R18當然要看R18」的執著，往往優先挑選有貼上紅色標籤的本子。想當年，還是小嫩嫩的我完全沒意識到櫃上被貼R18標籤的漫畫是「不成比例的多」，反而很開心的把塑膠籃給塞的滿滿的。結完帳提著幾十本漫畫回家，等到我把那纏人的塑膠封套一一拆開，翻開內頁尋找那肉色天國的畫面時，得來的卻是一次又一次的失望跟落寞；當下的感受，就像被餐廳廣告單吸引至店裡消費的顧客，在看到端上來的菜色和預想中的不同時，突然有種受騙上當的感覺，更不要說少數幾本確實「有肉」的漫畫，男主角的下體卻被神秘發光柱狀體和一大堆刻意為之的「嗯嗯、啊啊、喔喔」

的狀聲詞給擋住，除了整個畫面的美感被破壞外，更影響閱讀上的通順度；說真的，當下其實有種衝動想把漫畫往牆壁上砸去！XD

事實證明，許多腐女跟我有一樣的共通經歷及看法。

話說，ＢＬ漫畫在臺灣幾乎每本都有限制級標籤，買的時候還要出示護照證明已滿十八歲！。明明就沒有很工口啊！真的不明所以！（社團）

雞蛋

其實我覺得他們限制……我聽說現在只要是ＢＬ的全部都是限制級，因為我之前買《家庭教師》同人誌的作品全部都是限制級，可是只有到牽手，有些連接吻都沒有就限制級了。我是覺得說法律不知道在規定什麼，好像同性戀的東西全部都是限制級……雖然在博客來上還是可以買。像有一次我去買實體書，店員就要我出示證件，我就很尷尬把書拿回去放，根本不能買，我想說……如果真的有Ｈ的過程可以用限制級我：沒關係，可是有些真的很清水啊！為什麼這也要用限制級？我覺得這還蠻不公平！妳覺得有雙重標準？因為他是男男的所以才會貼限制級是嗎？

雞蛋：對對對！

如同社團發文者所說，她從香港來臺灣書店購買ＢＬ漫畫時，臺灣的分級制度造成她必須用護照上的身分資料來證明年齡已符合臺灣法令規定，這樣的限制和書本內容的反差現象，讓她覺得規定實在讓人「不明所以」：不知其規範的標準及意義何在。雞蛋購書、消費的親身體驗，顯示ＢＬ作品縱使沒有到性行為描繪的程度，卻會被分類成限制級的書籍，讓雞蛋覺得分級預設乃是針對男男戀的描繪而來，但這樣的標準在ＢＧ等以異性戀情慾為故事主軸的作品裡卻有「寬鬆」限制的傾向。

我……妳覺得分級有沒有不公平或不合理的地方？

蚊子……當然有啊，我不知道現在是不是還這樣。開始推行圖書分級也是這幾年的事情而已，我發現只要是ＢＬ的一律都是限。

我……就算是清水？

蚊子……對，而且我覺得圖書審查制度根本沒有很仔細的去審查作品的內容，它們只是以腦中既定的觀念，去分類說ＢＬ就分在R18這邊，其他的就覺得好像還好，可是其實裡面的內容才誇張咧！

Bony……很明顯就是ＢＬ不管有沒有Ｒ級或Ｈ，通通都放在十八禁。可是ＢＧ有很多已經跨入十八禁的範圍，可是卻沒有把它列入。其實剛開始作分級的時候，我就覺得這是一個很不公平的現象。

我……那妳覺得為什麼？是什麼樣造成這個不公平？

Bony……應該是說中國文化的社會本來就比較沒有辦法接受同性戀吧？因為在老一輩的心目中，他們還是認為同性戀的戀情是違反社會倫理，而且也是一種精神病的症狀。

我……那妳覺得R18對BG跟BL有雙重標準嗎？

南野優宇……有啊，很多都這樣。就可能男主角只是露個胸，或背部露出來，或只是脫衣服的狀態就被列為R18。有的還不是把重點部位都遮掉了……有些BG是女主角有露點，可是卻沒有被貼R18，可是BL男主角只是露個背而已，就被貼R18，這沒道理吧！

我　所以妳覺得只是因為它是ＢＬ，所以才被貼R18？

南野優宇　對啊，就感覺現實社會還是對ＢＬ有那個吧。

我　是因為它是男男戀的關係？

南野優宇　因為……從以前到現在的觀念都是男跟女。

社會上的異性戀霸權藉由「R18紅色禁止貼紙」有意的限制並遮蔽同性愛戀作品的取得和能見度，背後的心態其實非常明顯：非異性戀作品的內容描繪被異性戀霸權視之為威脅，因此必須從嚴看待甚或除之而後快。更重要的是，分級制度本身的用意乃在於劃清一條界線，試圖區分成年人和青少年及兒童之間的差別，而這樣的劃分和ＢＬ被歸類為十八禁的作品的現象，其實是因為背後潛藏著對「非成年者」性取向「可能」受ＢＬ影響而改變的深層恐懼。

我……BL跟BG的分級妳們覺得有什麼差別？

岑芳……我總覺得BL好像比較容易被分到R18。

我……妳們覺得會有這樣的現象？

Rita……就是我看的話……大部分……我們一般純情叫清水對不對？清水在BG裡面怎麼可能是十八禁，可是只要BL的清水就會變十八禁。

我……那妳們覺得是什麼樣的因素造成這樣的雙重標準？

Rita……我覺得是因為他們不想要讓一般的學生……。

我……看到男男戀？

Rita……對啊，他們終究認為那是不太對的行為或怎麼樣吧，我們腐女認為同性戀是正常的行為，可是他們還是覺得這不是正常的行為、不鼓勵去做那樣的事情，所以他們認為那還歸類在十八禁。

ＢＬ之所以會被「雙重標準」對待，在於分級制度彰顯性別意識形態認定了怎樣的性別內容是「好的」、「正常的」和「不好的」、「不正常」，因此為了「保護」青少年和兒童避免過早甚或接觸到這類「不好的」文本，將這些作品標上十八禁的標籤。弔詭的是，縱使有些ＢＬ作品並沒有性描繪的內容，但還是無可避免的被標示為十八禁書籍，關於這點，我在訪談夏燁時正巧她在課堂上與老師因這個議題發生衝突，而對分級的雙重標準表示非常強烈的不滿。

夏燁……我曾經為了ＢＬ這件事情，直接跟健康教育老師在課堂上發脾氣。

我：妳可以說看看是怎麼樣的經驗嗎？

夏燁：那次就是上男女之間的性關係，然後就剛好講到關於ＢＧ的Ａ事那部分，那我聽一聽就舉手跟老師說，我覺得ＢＬ跟ＢＧ的分級有點不公平，只要是這個出版社的全部都會標這個R18標籤（註：訪談時她有帶ＢＬ漫畫來舉例）。可是其實裡面全部都清水，所以我覺得這點不公平。只要是ＢＬ的，不管是不是清水，書店全部都會把它放在成人專區，這是我覺得很不公平的地方。

我：妳覺得不公平是什麼樣的社會心態或觀感造成的？

夏燁：還是反對同性戀吧！妳看過哪一本言情小說在R18的？很少看到言情小說R18吧？不管裡面有沒有肉，我買過一本ＢＧ外表完全沒有分級，就放在普遍級那一塊，可是我拿下來看，三分之一是Ｈ！我覺得這還蠻不滿的，既然ＢＧ都可以這樣做，為什麼ＢＬ不行？這是一種歧視啊！這已經是歧視了。

我　　所以妳覺得這種分級是不公平的？

夏燁　　非常不公平、非常不公平！我覺得他……分級的關係就是為了要……。

我　　保護幼童？

夏燁　　他覺得是保護幼童，可是我覺得這都是歧視。因為妳ＢＧ小說很少分級，所以代表的是妳讓一般小朋友看ＢＧ，但不讓小朋友看同性戀，他不讓人家看，這代表的是他認為同性戀會對……Ａ片為什麼要分級？是因為政府認為他會對小朋友造成錯誤的觀念，譬如說強暴的話，女生說不要是要的意思。可是如果他讓ＢＬ分級，他代表ＢＬ是不應該讓小朋友看的東西，會影響身心的發展。

會讓人變成同性戀之類？

對，政府覺得這個東西很糟糕，所以才會分級，所以我覺得這明明是一個徹頭徹尾的歧視啊！還說什麼要尊重人家人權，從頭到尾……歧視就在封面標得清清楚楚！這還滿生氣的！這很令人生氣耶！

夏燁字裡行間的語氣，我們可以感受到她對「雙重標準」的分級制度有強烈憤怒和不滿，她很明確指出這樣的分級制度雖然看似「保護兒童」，但實質上卻是歧視行為的展現。在異性戀霸權／恐同症底下，對同性戀的反對和恐懼具現為將BL作品劃成「禁書」的行動，這背後的恐懼在於擔心青少年／兒童會因為看到這些BL作品而「混淆其性取向認同」。夏燁以A片的例子舉一反三，指出將BL書籍劃為十八禁，其實是認定這些BL都是「有潛在問題」和「不適合非成年人」的心態。夏燁認為禁止看ＢＬ其實就是一種歧視，而分級制度不公背後是對同性戀議題的消音。

關於ＢＬ書籍「雙重標準」的分級制度，在社團內也有很多的討論，在社團分享中可以看到腐女們一方面批判不公平的分級制度，另一方面也練就一身規避審查制度和年齡限制的方法。她們在社團發表對分級制度不滿的想法，並且分享避免受審查制度限制購買的「教戰手冊」，除了選擇比較不會檢查年齡的店家之外，有些腐女也會直接請滿十八歲的朋友幫忙購買。

發文者：雖然同人展現在也有規定要出示證件……但說真的啦，直接找滿十八的朋友幫忙買比較快，而且萬用。
回文者：住臺北的話可以去××的×××，他不會問妳幾歲又有一堆可以選。
回文者：網路上看就好啦！有些店家會賣有些不會，我以前未滿十八歲的時候也都是叫別人買給我或是去同人展買的……等待一下較好。
回文者：我之前去R18區看，結果被老闆質問年齡（從此再也不去了）。（社團）

想當年我為了買R18的ＢＬ小說，可是當場攔住店內一個看著就十八以上的姊姊，請她幫

我順便結帳出來再給她錢。（社團）

將BL書籍標上十八禁標籤的做法，是為了讓BL成為一個被顯眼注視和明顯區隔的文本。更重要的是，這類標籤劃分出社會上視為要「特殊對待」的對象，而且這樣的劃分與性道德論述密不可分。當性仍然被社會上視為或多或少必須低調討論的議題，那麼替BL標上十八禁的標籤，便是一定程度對消費者提出警告和引起其「羞恥心」的效果。在上述「雙重標準」的分級制度下，導致腐女在租借和購買BL書籍時，常常因為明顯的R18標籤成為其他人投以「異樣眼光」的對象。

我買的書全部都藏我宿舍的櫃子裡，都不敢帶回家，不知道為什麼現在的BL漫畫全部都是限制級的。……畢竟我年紀又沒到，再加上如果我媽一打開看到兩個男生在做一些不該做的事情，我媽可能就直接撕掉，所以我不敢帶回家，我決定等我十八歲之後再慢慢的偷運一些回家，因為我現在學校已經快放不下了。（雞蛋）

現在BL上面都有貼一個十八禁，我每次站在BL那區的時候都有點尷尬。（Bony）

我……那妳有遇過不喜歡ＢＬ的人，對妳有不友善的態度或行為？

蚊子……嗯……是沒有特別不愉快的經驗，可是我有在去租書的時候被投以奇妙的眼神。

我……男生還女生？

蚊子……男生……因為其實現在的書大部分都分的很開。

我……妳站在那個區就代表妳在找什麼書。

蚊子……對，沒錯。

我……那妳當下的感受是？

蚊子……就是有點刺眼的視線……有點刺刺的，可是我通常都不予理會。我想說反正你等一下也會走去成人小說那邊不是嗎？

R18 標籤，成為許多腐女／ＢＬ作品被反腐／恐同人士攻擊的一個顯眼標誌。這樣的分級作法，不僅造成雞蛋自知「未滿十八歲」而不敢將ＢＬ書籍帶回家，更擔心家裡的母親會因為看到同性性行為的內容會有「焚書」的衝動，也讓 Bony 覺得尷尬、蚊子則有被他人投以奇妙眼神的經驗。

禁忌會帶來快感，但隨之而來的卻可能是慘痛的代價——父母擔心妳會變成同性戀、被同學另眼看待、言語上的攻擊、必須偷偷摸摸的看ＢＬ、珍藏的ＢＬ被丟掉、買 R18 內容卻不是 R18 等等。在這樣的環境下，絕大部分的腐女都學到最佳的自保方式就是不要跟外人提到ＢＬ，甚至刻意隱藏自己這方面的興趣及收藏，形成一套腐女特有的「自主規制」，進而成為仿若同志的「腐女版入櫃和出櫃停看聽」。

不可告人的秘密：腐女的入櫃和出櫃停看聽

在恐同症的氛圍下，腐女對於ＢＬ的興趣和熱愛，必須以「低調」的姿態來面對外界的不友善眼光。受訪的腐女當中，許多人都有程度不一的不愉快經驗，其中Ｎ的親身經驗是最具體呈現腐女身分是如何因為外在的敵意環境，進而「入櫃」：將ＢＬ的嗜好變成檯面下不可告人的秘密。

說到壞事啊，有兩個蠻慘痛的經驗吧。第一個是國中時候發生的事，我差不多是在國二的時候迷上ＢＬ的，因為自己很喜歡畫點東西，就自己畫了一套自創漫畫帶到學校和好友分享，下課的時候無聊也會拿出來畫畫。某一次下課時，班導不知為何進入教室，看到我正在進行的大作，二話不說立刻沒收，那本作品的封面稍微地過激了一點（就是兩個男的裸上半身抱在一起而已，現在回想起來還真是有夠清純咧！）沒收之後，當然被叫到辦公室做了一番精神訓話，因為我們是天主教學校，老師對這個很敏感的。不過，我到現在還忘不了當時老師的訓話中，她向我說了這樣的話：「妳知道嗎？畫這種同性戀漫畫是不對的。同性戀為什麼會得愛滋病？因為他們做了不好的事遭到天譴。」當下我真的氣到不行，但是因為對方是老師，只好默默不語，這個事件還沒結束，就在老師對我精神訓話的不久之後，某次上課老師當著全班的面說：「大家不要像Ｎ一樣畫那種兩個男生裸體抱在一起的漫畫。」天啊！這種在全班面前被點名的事對幼小的國中生來說是多麼丟臉的事！當時我真想找個地洞鑽進去……。或許老師是想藉著讓我覺得丟臉的方式阻止我繼續誤入歧途吧，不過這個方法顯然沒有成功。

另一件事是發生在高中的時候，當時已經是個重度腐女的我，當然還是背著爸媽偷偷來。不過因為我媽很少會碰我的書包，所以跟同學借來的高ＨＢＬ漫畫都放在書包裡，我還以為不會被發現，那知道某一天我媽竟然趁我出去時偷翻我的書包和抽屜，向同學借來的《絕對麗奴》就這樣見光死了。當下自然是霹哩啪啦被狠狠揍了一頓，我還記得我媽一邊揮藤條一邊大罵：「為什麼要看這種兩個男生互玩雞雞的漫畫！」雖然被打很痛啦，不過聽到互玩雞雞那句話我其實差點笑出來了。事後我家風聲鶴唳了好一陣子，不過後來我就學乖了，激Ｈ的東西絕對不會放在自己房間，都是和別人借來看或是放學校，至於其他比較清純的ＢＬ就和一般的書以及少女漫畫混雜著放，讓正氣蓋過一切。後來上了大學就順手把那些不能見人的東西都帶去宿舍了。宿舍真是個自由的好地方，還可以和室友共享，比起在家提心吊膽的東藏西藏真是好太多了……。

（N）

N的生命經驗反映了恐同症對BL、腐女壓迫的多種樣態，舉凡她的「大作」被老師沒收後的種種指責和教訓，都和同性戀所背負的汙名有所關聯；被母親發現的經驗，更讓她深刻體會到BL這興趣是不可以被父母知道的「秘密」，且與其相關的BL作品也必須藏起來，這次事件讓她學乖知道要「低調」隱藏自己的興趣，以避免遭受他人指責以及外界社會的不友善對待。

事實上，參與訪談的腐女們在訪談中，會借用同志表明自身性取向身分的專有名詞——「出櫃」——作為隱藏自身興趣和身分行為的命名。

畢竟BL這方面的興趣其實還是少數，所以我覺得腐女有時候也是有出櫃的辛苦。（N）

我⋯妳會在什麼情況下選擇跟對方透露出自己的BL興趣？

鴨鴨……看有沒有剛好聊到吧，如果沒有剛好聊到就不會刻意說，我覺得看BL就是一種興趣啊，沒有必要搞得像出櫃一樣。

N從自身家庭、學校所遭遇的負面經驗，讓她覺得腐女、BL這樣的身分及興趣就如同志必須隱藏自身性取向一樣，是一個被封鎖在櫃子、不能公開的秘密。雖然鴨鴨不會刻意的隱瞞自身的BL興趣，但她表示「沒有聊到就不會刻意說」，某種程度上就是和許多腐女一樣，維持一定程度的「低調」策略。而鴨鴨認為看BL就是一種興趣不用搞得像出櫃一樣的說法，其實呼應了N的說法和她自身經驗。也就是說，面臨、認知到恐同症的無所不在。N認為腐女身分和BL興趣就如同性取向的「秘密」一樣，必須被迫隱藏；鴨鴨則是反思並試圖抗拒這種規範，進而聲明BL只是一種興趣，不應該被迫成為放在櫃子當中的秘密，讓自己的身分和興趣喜好處在「見不得人」般的窘境當中。

兩位腐女用「出櫃」一詞來指稱腐女及BL的處境，便可理解她們或多或少都有認知到社會對於BL的排斥，此種經驗更形塑她們在日常生活當中為了迴避外人的不友善態度，演練出一套「求生守則」，不論是自身腐女身分「出櫃」前的準備工作，抑或是防範家人、朋友發現到她們的BL興趣等，這些都是許多腐女共同經驗。

我的兄弟姊妹都不知道我在看ＢＬ，但是快上大學的那陣子真的差點露餡了。因為搬去宿舍的關係家裡實體書差點被發現，結果只能託給朋友，現在輪到她在煩惱實體書會被發現。不過電腦裡的檔案倒是不怎麼擔心，我都有設密碼，然後文件名字都很正經。（貓貓）

小妍　ＢＬ遊戲……家人很多時候都在家，下載了也不能玩，畢竟都是有Ｈ的內容所以……

我　那家人知道妳喜歡ＢＬ嗎？

小妍　不知道！全部都不知道，我隱藏很好的，只是將小說、漫畫放在自己的書桌上與其他書混在一起，基本上不會有人去弄的，除了我自己。電腦則是有設定開機密碼，而且檔案什麼的都有收的好好的，至於我哥和我弟他們兩個是用同一臺，所以沒人跟我爭。

這幾段訪談，讓我回想起小時候做錯事、打破碗盤後想要掩飾犯錯的情景。弔詭的是，如果觀看BL真的只是種興趣（像打球、園藝、下棋、看電影），為何許多腐女的經驗卻要像「犯錯的小孩偷偷摸摸的把BL給藏起來？」答案很簡單，因為社會結構和外在環境的壓力，逼迫我們不得不改變自己去順應這個主流社會的遊戲規則，即便實際上我們並沒有犯任何錯；這時候我們應該轉過頭，把目光往回瞪，去質問這社會出了什麼問題。當然，在形勢比人弱的情況下，很多時候腐女們為了自保和避免麻煩不得不委屈求全，但事實上，表面變成乖乖牌的腐女們卻將這興趣地下化、偷偷摸摸的繼續進行。

然而躲躲藏藏久了，腐女們還是會尋找各種機會，見縫插針的「測試」周遭親朋好友對BL的觀感及態度友善與否，這時對方及環境對於同志議題的友善程度，便成為她們判斷是否要出櫃的一項衡量標準。

應該不會跟他們說吧，不過我會跟他們談有關同性戀的話題，但是我家算是傳統家族吧，還未能接受這些他們認為「奇怪」的東西，最主要的顧慮是……是怕嚇壞我爸媽的膽吧。（小妍）

我周圍的朋友都知道我是腐女，我家族裡面只有我哥哥知道，我曾經有試過……稍微試探一下，看他們對同性戀的感覺是怎樣，我發覺他們……我爸啦！好像有點反感，所以覺得還是不要

讓他知道的好，不然會很麻煩。（小怡）

第一個……我還是看態度，看他對於同性戀和BL這一塊的態度才會決定是否跟他說，不然有時候如果那個人很厭惡妳就公開的話，有時候真的會對妳反感。（Rita）

在不確定家人、同學對於其腐女身分和興趣的態度友善與否的情況下，以同性戀的相關議題作為試探手法，是她們判別對方可否接受的一種方式。觀察日常生活中周遭他人對同性戀相關議題的態度，在得知家人、同學對於同性戀是持負面或反對的態度後，許多腐女會決定不跟對方公開自己的腐女身分，以避免「很麻煩」、「嚇破爸媽的膽」、「對妳反感」。此外，對方是否有恐同症的展現，也是決定是否要「出櫃」自身興趣的根據。

我……所以接納程度或理解程度會影響妳跟對方會不會說妳是腐女？

羚……對，會影響我跟他講多少這個有關的東西，如果他本身已經很恐同，我會跟他說我也不清楚耶……如果他已經很離譜的。

羚很明確的表示，對方對於ＢＬ理解程度以及恐同症的有無，會決定她是否跟對方表明自身的興趣喜好，為了避免遭受這類人士的攻擊和不友善態度，面對相關議題及討論時，她會選擇低調應對和表示「不清楚」以規避衝突。事實上，為了避免反腐及恐同人士的攻擊，隱藏自己的腐女身分成為許多腐女們的共識。

自從我變成腐女之後就致力讓更多人加入腐女這個慾海，不過啟發我的那個腐女朋友真的很厲害，她從小學就是腐女，我竟然在變成腐女後才知道……她隱藏的功力真的很厲害。（Tiff）

一個真正的腐女不能讓人知道她是腐女！就像間諜也不能讓自己的身分透露一樣。至於選擇公開自己的ＢＬ興趣標準，主要看對方是不是非常熟悉的好友，或者根本就是腐女。（小妍）

我　那妳看ＢＬ的興趣會主動跟人提起嗎？

蚊子　不會耶，我還是怕跟人家起衝突，會怕踩到人家的雷，因為也是有人對這方面無法接受的，我覺得我也不會花時間去說服他。在公開的場合上我也不會稱自己為腐女，私底下除非我知道對方也是，才會跟她有在這方面的交流。

Tiff會喜歡上ＢＬ是受到班上腐女同學的啟發所致，她也發覺該位腐女同學隱藏其身分的功力非常厲害，致使她在成為腐女之後才意識到這位同學從很早之前就是腐女，而小妍的說法則是更明確的用「間諜」來譬喻和指稱腐女的身分不能輕易被「敵人」給發覺；此外，**許多腐女「出櫃」其身分的重要依據——對方也是腐女——是確認公開身分最安全的「保障」**。

外在環境對同性戀態度友善與否，很直接的影響到腐女是否願意公佈自身的興趣，Rita和岑芳兩人在學校的不同經驗便是很明顯的對照例子：

我在學校也都是隱藏我的腐女身分，不像岑芳她們正好遇到的都是腐女同學，我周圍同學幾乎都是正常向的，所以在學校一定得隱藏啊！譬如說如果他們講到關於反對同性戀的話題，我雖然不會說妳們都錯或什麼的，可是我還是會稍微讓他們理解，其實不是那個樣子的，同性戀並沒有想像那麼噁心，也不是那麼不正常的東西。（Rita）

Rita將自身的經驗跟一起接受訪談的岑芳做比較，表示同學當中很少有腐女同好，造成她在學校都必須隱藏腐女身分，在學校日常生活中，周遭「正常向」同學對於同性戀議題的反對是讓她不表明自身興趣的主要顧慮。**「正常向」**一**詞意味著「主流」和「異性戀」的意涵**。面對周遭同學對同性戀的不友善態度，她雖然會提出不同於恐同的論述，試圖影響同學們對同志的觀感，然而自己的腐女身分，在這種氛圍下「公開」很可能會成為「眾矢之的」。

Rita 妳不會完全把妳自己的興趣給表現出來。

我 為什麼？妳擔心的是什麼？

Rita 因為畢竟……我遇到的同學還是大部分沒辦法接受，可能接受同性戀但沒辦法接受妳是腐女這件事。像我們之前有一個同學也是腐女，她就是說了她是腐女，結果造成的就是大家對她的眼光都不一樣。同學經過她就會說：「這腐女心理不正常什麼之類的。」因為我也有正常向的朋友，她本來也有，可是自從她表明她是腐女之後，朋友慢慢的疏遠她，像我沒有表明的，我旁邊的朋友還是很多。她就告訴我其實這樣很難過，她多希望她當初沒有講，畢竟在現今的社會多數人還是沒辦法接受。

在腐女公開自己的興趣喜好之後，很可能遭受他人的敵意攻擊，Rita 的腐女同學就是因為「出櫃」表明自己的腐女身分後，遭受同學的負面批評，除了語言上的攻擊，還造成她在人際關係上被排擠、打壓。Rita 比較她腐女朋友的經歷和自己沒有公開腐女身分的狀況，發現「出櫃」腐女身分可能遭遇到的負面影響，體會到「不出櫃」才是明哲保身之道；而與她一起接受訪談的岑芳，由於班上女生及腐女同好較多的關係，所以能形成互助連結網，雖然還是會遇到對 BL 及腐女不友善的反應，但在同好彼此的支持下，岑芳反而能很大方的在學校「出櫃」自己的腐女身分。

岑芳……因為我們班只有八個男生，班上幾乎都女生……女生種類也就會多嘛，而且我們班有七八個左右都是腐女，然後就經常聚在一起發瘋（笑）。

我……所以妳就比較不會有像 Rita 這樣的狀況，那妳在班上有公開自己是腐女？

岑芳　對啊，大家都知道。

Rita　好羨慕！

我　所以沒有遇到什麼不友善的？

岑芳　就還好。

我　因為女生多的關係嗎？

岑芳　應該是耶……讀女生多的班級，腐女應該也會多，機率比較高。

Rita　機率比較高啦。

班上女性同學較多和腐女同好很多（多達七到八位腐女同好）的情況，讓她們彼此之間有一個團體認同和支持的力量，可以很公開表明自身的腐女身分，這種同好之間的力量也讓她們比較不會遭遇反腐及恐同人士的不友善攻擊，這讓一同受訪的 Rita 對岑芳能如此自然且公開自己的興趣表示非常羨慕。

相較於學校的狀況，Rita 和岑芳在家中的處境就很相像，由於她們知道父母對於同性戀是持反對、反感態度，因此這個興趣和收藏的 BL 書籍就必須盡可能避免被父母發覺。

岑芳：感覺我家人都很反對，我媽有一次看電視好像也是講到腐女什麼的例子，然後我就突然有一天無聊問她說，如果我看那些書妳會怎樣，她說她會立刻把它撕破，天啊！好可怕……。

Rita：我爸媽是表示同意同性戀，我媽本身認識的至少有兩三個同性戀吧，舞團的人，因為她接觸的人很多，所以畢竟也會遇到，所以她接受。可是她沒有辦法接受我們腐女看這些東西，我媽知道我有買漫畫，可是從來都不知道我買的是ＢＬ，我還是會買正常向漫畫，我永遠都是把正常向漫畫擺在書櫃前面，後面的就是ＢＬ。她有一次拿到前面要往後面拿得時候，我就趕快抽一本正常向，跟她講這本很好看！然後用那個掩蓋一切。

我　那妳為什麼不願意給妳爸媽知道？

Rita　因為我曾經問過他們這個問題，他們也是跟岑芳爸媽一樣……說妳要是看那種東西，我全部給妳撕掉。

由於父母對於ＢＬ這類的書籍是抱持反對態度，甚至表示女兒要是有在看這些書籍會「焚書」，因此**她們的應對方法就是將「正常向」**——異性戀、ＢＧ**的漫畫放在書櫃前頭；把怕被發現的ＢＬ漫畫掩蓋在後面，避免父母發現她們有在購買、閱讀ＢＬ漫畫**。

有趣的是，雖然 Rita 提及在大學任教的父母親是「同意」同性戀，在工作場合也會接觸許多同志，但她發現父母所表明的「同意」其實是一種表面和假象的同意。

Rita　她告訴我同性戀畢竟是反生物學上的事……她沒辦法接受。她不會覺得噁心，可是她沒有辦法接受。

我　她不能接受是因為生物上的……。

Rita　對，因為她認為那反生物……因為……。

我　非生物本能？

Rita　對，我爸媽都是這樣……他們接受同性戀，可是某一方面他們還是反對。

Rita的母親以「非生物本能」為由，表示不能接受同性戀，這種說法頗讓人懷疑其所說的「同意」同性戀的意涵到底是一種「真同意」，還是只是有條件、表面上的「假同意」？不論如何，她母親對於女兒會看這種描繪「男男戀」的BL漫畫，仍然反映出她對於同性戀的反對和厭惡，因此Rita只能對父母隱藏她腐女身分和興趣。

然而，夜路走多了會遇到鬼，並非每個腐女都能在家中完美的隱藏BL書籍或興趣，當這樣的文本被父母親發覺後，她們的父母除了反對、恐同反應之外，在彼此都「心知肚明」的狀況下，部分親女雙方會選擇「睜一隻眼，閉一隻眼」不去碰觸這個議題。

喵喵……我妹之前有一次跟同學借《鬼畜眼鏡》的小說回來，前面就有那種男男的彩圖，後來我媽發現她在看小說，沒收過去，想說這樣子應該……經過這樣的沒收應該知道我們兩個都有在看。

我……所以爸媽沒有直接挑明跟妳講這類的事情？

喵喵：沒有。

我：可是妳也不會主動跟他們說妳有在看這些？

喵喵：不會。

我：為什麼啊？

喵喵：嗯……我媽的話應該知道我就不想跟她講，我爸的話可能會對這種東西反感這樣。

我：他會反感的原因是出在那？

喵喵：他比較守舊、比較傳統，所以他可能比較不能接受這樣的東西。

喵喵和她妹妹在ＢＬ小說被母親沒收後，推論父母應該知道她們兩個都有看ＢＬ的興趣，在雙方都「心知肚明」的情況下，喵喵還是選擇不要跟母親討論這個話題，而由於她父親比較「守舊」、「傳統」，不能接受同性戀、ＢＬ的機率可能極高，讓她不願意跟父親討論她的興趣。雞蛋的經驗與喵喵很類似，是在父親知道其興趣以及發生po圖的衝突事件之後，產生「彼此心知肚明，卻又不願意討論」的特殊親子氛圍：

我覺得我媽很保守，所以我不敢讓我媽知道，我爸的話……他算是蠻開明的人，他會玩線上遊戲、也會玩ＦＢ、開心農場，他會玩很多，加上我自己的ＦＢ都會po一些關於腐方面的，所以我爸應該知道我喜歡看這一類。有一次我在家，我媽不在，我就趁我媽不在的時候拿博客來訂的ＢＬ漫，回家之後我爸就問我去哪，我就說我去拿我訂的書，我爸就說他要看，我就有點傻眼：「怎麼辦？我爸要看！怎麼辦？」想說算了，反正這個漫畫有封起來，我爸不可能拆封自己每一頁看吧，然後我就找一本封面最正常的給他，我爸看了封面之後再看大意……他看完之後什麼話也沒說就把書還給我，可是他並沒有……我覺得他知道，但他並沒有明講他已經知道了，我們可能就看誰要先講。（雞蛋）

雞蛋的母親非常不能接受同性戀相關議題，因此她要去便利商店拿網路訂購的ＢＬ漫畫時，必須選擇母親不在的時候才能把漫畫帶回家，而父親因為有在玩Facebook，所以她認為父親應該或多或少知道她的興趣，但雞蛋對於將ＢＬ給父親檢查仍然是非常擔心害怕，在情急之下為了避免父親看到「過激」的男男戀內容，還特意選擇一本「封面最正常」的ＢＬ漫畫給她父親，由於ＢＬ漫畫都有塑膠膜包封（沒想到煩人的塑膠封膜竟有這種宛如保險套的功用XD），讓她父親不能「仔細檢視」漫畫內容，讓雞蛋能放下心將漫畫交給父親。這起買書事件，她老爸雖然沒有表達任何意見，但其實父女雙方都已經「心知肚明」，只是選擇不點破而已。然而，雞蛋在網路上發Ｈ圖的行為，觸及了父親的「底線」，從而引爆衝突：

有一次我入了一個社團，那個社團就把我加為管理員，我就開始分享我的一些圖，結果那個女生竟然把社團用成是公開的，所以我貼的圖大家都看得到，以前的社團都是隱私的……而且我貼了很多！想說要給她們驚喜一點，我就貼了很多Ｈ圖，然後我爸他就在ＦＢ上密我叫我收斂一點把那些圖全部給我收起來，我聽了就很不高興……你明明就知道我喜歡看這些，你幹嘛阻止我？你當初不講，現在發現我貼圖才講，我就跟我爸說：「我去叫那個管理員把這個社團改成隱藏的。」我爸就說：「不管隱藏還是公開，妳那些東西不要再分享了。」我覺得我爸的意思就是說：「我不排斥妳看這些，可是妳不要讓別人看到。」他的說法很像我那些朋友啊，妳自己在家

裡躲起來看，不要讓別人知道妳有這種興趣，所以他們都認為這是可恥的事情，所以我就還滿氣我爸的……後來回家我跟我爸就有種怪怪的電波的感覺……可是我們共同假裝這件事情沒有發生，我們還是相處的很好，但都假裝我們沒有吵過架，各退一步這樣。（雞蛋）

腐女的「低調」策略，是為了防止「外人」誤闖或看到ＢＬ相關圖片及文字，因此大多將社團設定為隱藏狀態，但雞蛋參與的社團，管理員將狀態改為公開，非社團的人士也會看見，雞蛋的父親因此發現她原本認為在「隱藏」安全狀態下安心po出的許多性描繪ＢＬ圖，並明文禁止她再分享這類的圖片。雞蛋想說既然父親不想看到，那她請管理員將社團改為不公開就可以解決，但她父親的反應卻是無論是否會看到這類圖片，都認為女兒不應該繼續分享這些圖片，造成她的行動自由及興趣受到了限制。雞蛋認為父親禁止的心態為：我不排斥妳看這些，可是妳不要讓別人看到。這樣的心態，相似於她許多朋友在得知她的興趣後的反應：「妳自己在家裡躲起來看，不要讓別人知道妳有這種興趣。」他們都認為這是可恥的事情。ＢＬ／腐女身分往往影射、牽連到同性戀汙名，讓這樣「另類」興趣變成一件「見不得人」的「可恥事情」。這次事件之後，雞蛋覺得她和父親的相處有種「怪怪的電波」；事實上，許多腐女也有「假裝這件事情沒發生」的相仿經驗。

事實上，從上述腐女在家中「被迫／無意」出櫃的經驗中可以看到，縱使父母親知道她們的身分和興趣，大多數父母及腐女並不會願意主動和對方坦然的討論，而選擇「彼此心知肚明」和「默而不宣」的方式繼續裝做「沒有這件事發生」。這種為了避免衝突而不講出來的模式，與許多同志對父母親「被迫出櫃」自身的性取向時所採取的應對策略頗為相像，當BL／腐女／同性戀汙名三者產生牽連時，同志所遭遇的性取向「出櫃」經歷也再現於這些消費BL作品的腐女身上，形塑出與同志相仿的「腐女出櫃文化」。

除了透過旁敲側擊推測對方對同性戀議題的態度，以及對方是否為腐女身分之外，許多腐女藉由日常生活的相處、觀察，判斷對方是否可以接受BL，作為她們「出櫃」與否的判準。

我會對家人半公開，但對所有同學都會坦承自己的BL興趣，選擇公開的標準主要是看對方的價值觀還有和我的關係。（狐狸）

因為我不知道他對BL這個東西的接觸程度、認識程度、理解程度，那或者是接納程度……。

……羚

我……所以接納程度或理解程度會影響妳跟對方說妳是腐女？

羚……對，會影響我跟他講多少這個有關的東西。

在香港的學校裡，BL和腐女沒有很盛行，不過還好我最好的朋友是腐女，如果要跟別人公開腐女身分，就要看信任與否還有感覺他們的接受程度。（小璃）

互動、言談之間，腐女們會自然而然在心中評比「信任指數」，不管是從對方對BL的理解與接納程度、價值觀、彼此的關係等等，判斷是否要和對方談論自身BL興趣或是「出櫃」自己的腐女身分。在不確定外界環境友善與否的情況下，有些腐女的出櫃過程必須花費頗多心力：

我…那同學知道妳的興趣？

雞蛋

幾乎都知道吧，全班……因為我一開始不知道反腐者那麼多，也不知道有些人激烈到一直檢舉我們的圖，迫使我們一些專頁要關掉，在那之前我都會滿高調，可能上個課ＹＹ的時候，就自己講出來，自己一個人在那邊笑……坐我附近的人幾乎都知道我想的是什麼內容，不知道為什麼慢慢的全班都知道，可能老師或什麼講到一個話題，他們就會叫我說「雞蛋，妳看妳愛的來了」、「對啊，妳看他們兩個男的怎麼樣」，所以幾乎全班都知道我喜歡這一些。

訪談過程中，雞蛋說自己是一個很高調的腐女（而她確實也是），在網路、班上都非常高調的表現出對ＢＬ的熱愛。這樣的「高調」行徑，讓她意識到反腐人士非常多，導致她參與的ＢＬ社團在網路上所設的專頁被迫關掉。在經歷過許多反腐、恐同負面經驗後，她開始學習到必須收斂自身的興趣喜好，甚至學會「藏在櫃子」的偽裝自保方式。

自從我比較低調之後，我就不太敢跟別人說我喜歡看ＢＬ，別人問到，就可能會裝作說：

「哦？有ＢＬ這個東西喔？」可能變成這樣……要我公開的話可能要在滿熟的程度下，畢竟很多人都會排斥這些。可能我跟妳不熟，只是聊過幾次天就跟妳講我喜歡看ＢＬ，妳可能會覺得這女的怎麼這麼奇怪，然後就可能會到處跟別人說我喜歡看一些奇怪的書啊、圖片什麼的。（雞蛋）

雞蛋在發覺「高調」行徑所導致的後果後，開始學習在外人面前「裝做」不知道ＢＬ及隱藏身分。她很明確表示，如果和對方不是很熟的情況下，告知對方自身的腐女身分很可能會遭受對方言語上的負面攻擊。會有這樣的體認和在校經驗是密切相關的：

我不喜歡他們跟別人講說我喜歡看ＢＬ，像……我不知道為什麼二年級直屬班……他們幾乎有一半的人都知道我喜歡看ＢＬ，我就很訝異……明明在直屬班我沒有很有名，為什麼大家會知道我喜歡看ＢＬ？後來才發現是班上幾個女生跟直屬去吃飯，因為氣氛很尷尬不知道要講什麼，就以我就被當作一個開話的話題：「我們班有一個女生喜歡看ＢＬ。」然後就一傳十、十傳百……幾乎二年級的直屬班都知道我喜歡看ＢＬ，然後有些人他們對ＢＬ的看法可能不是好的，所以可能就會增加反腐者啊，所以我不喜歡讓別人知道我喜歡看，或者說，妳知道我喜歡看ＢＬ就好，不要跟對我來說不認識的其他人講。所以如果要我開口說我有在看ＢＬ，除非妳也

> 是看ＢＬ的……或者是我真的跟妳蠻要好，可以相信妳不會亂講話，不會他可能會因為我喜歡看ＢＬ而馬上跟我絕交。（雞蛋）

雞蛋愛看ＢＬ興趣被全班都知道後，這種「特殊」興趣很「自然」的被班上同學當作排解尷尬氣氛的聊天話題，連直屬學長姊都知道有雞蛋這個腐女的存在。雞蛋表示自己的腐女身分不喜歡被別人當做「八卦話題」傳給她不認識的人知道，她也發覺「明目張膽」公布ＢＬ／腐女這樣的興趣／身分會造成反腐人士的增加，與國中同學相處的負面經驗，更讓她意識到這樣的興趣很可能會被人厭惡，甚至「絕交」。**雞蛋的經驗具體顯示了反腐／恐同症如何讓一個原本「高調」認同自身興趣的腐女在經歷過種種不友善的對待後，最後選擇將興趣及身分隱藏在「櫃子」當中，藉以獲得一定程度的保障、迴避外人異樣眼光。**

與雞蛋的經驗相仿，喵喵從她班上另一位腐女同學身分曝光後所遭遇男同學的負面對待，察覺不要透露自己的腐女身分才是「明哲保身」之道。她細緻描繪腐女們在面臨是否要公開自己腐女身分時，會多方面運用「旁敲側擊」的方式來確保對方是友善的。

喵喵　我會先問說妳知不知道什麼東西叫做ＢＬ？如果她不知道我就不會再講，如果她知道我就會講。或者是，我們之前在國文課的自我介紹，我就會問說妳喜歡看漫畫或小說嗎？如果沒有就算了，不用繼續講，如果有的話就會問說妳喜歡看那個作者的。

我　就是有點用迂迴的方式來確定對方。

喵喵　對，我會先評估一下她是不是有可能是同好。像之前有一個就是因為《吾命騎士》，然後她剛好也喜歡看，我就說：「妳知不知道什麼東西叫ＢＬ？」她說：「我知道啊！」我說：「妳是腐女嗎？」她說：「我是。」，我就說：「真的嗎？太好了！」

我　好像在尋找相認的過程。

喵喵　對。

我　所以妳會靠作品來迂迴的確認對方是不是腐女，而且要確認對方是妳才會公開腐女身分？

喵喵　對，因為我們系上有一些人比較不能接受這種東西。像是我們班上很少男生，但是我們班上的男生基本上都是排斥這種東西。

喵喵的「保身」之道是用迂迴的方式——丟問題，詢問對方是否知道BL、對方是否有看漫畫小說的興趣——來確認對方對BL友善的可能機率，就算對方有看漫畫和小說的習慣，也要視對方看的作者是否有創作BL相關作品，以當作判斷其是否為同好的重要指標。**喵喵的經驗具體顯示腐女藉由「多重保障措施」來確認對方是否友善，對方除了要知道BL是什麼玩意外，更重要的是必須確保對方也是同好，她才會很安心表明自己的腐女身分。**之所以要設立這樣的重重關卡，在於班上男同學所形塑出來的恐同氛圍所致。

對許多腐女來說，對方同為腐女是她們出櫃時的最佳保障。然而，在腐女同好的社團空間之外，在學校或是其他公眾場合，腐女們要如何確定對方為同好？除了靠迂迴的提問方式外，腐女也會藉由其他線索來猜測對方是否也是同好中人：

其實我們本來也不知道對方是腐女，後來因為聊天聊到同樣喜愛的作品才知道。（小璃）

如果在人群中看到有人在淫笑的表情，不要懷疑，她一定是同類。（Tiff）

小璃的經驗與喵喵的經驗很類似，她與同好相認的方式是藉由BL作品的線索，讓彼此都不知對方為腐女的兩人有了交集和當朋友的機會。Tiff則半開玩笑的說，腐女愛YY的「天性」讓她覺得在人群中「淫笑」——也就是正在妄想——的人很可能就是同類。

剛進高一那時候，有天看到坐我旁邊的女生在畫漫畫，就覺得她畫圖好漂亮，然後跑去看她到底在畫什麼。她就很慌張，應該是怕被我看到她畫的是BL，然後就表現出怎麼辦很害怕的樣子。結果我一看就說：「妳畫得好棒喔！」她就很興奮就說：「妳該不會是腐女吧？」我就說：「對啊！我是。」（岑芳）

腐女雙方「相認」的過程，相當小心翼翼，岑芳初上高中在與班上同學還不熟稔的情況下發現有人在畫ＢＬ圖片，藉此契機得以彼此相認。過程中，對方因為無法確定岑芳的態度及身分所以表現出非常害怕被發現樣子，很明顯是擔憂岑芳在看見她所畫的ＢＬ漫畫後會有負面的反應，但當岑芳說出「妳畫得好棒喔！」後，對方的擔憂迎刃而解，進而「出櫃」彼此的腐女身分。

除了藉由ＢＬ作品的線索、直接的互動來相認同好之外，日常生活的周遭互動中，腐女們聽聞與ＢＬ、腐女圈中所用的「key word」也是讓她們彼此相認的重要線索。

一開始我們有同學自己會直接帶ＢＬ到學校，她們有些是國中部直升上來，所以本來就認識。她們就會在班上看也有小討論，有時候聽到那種 key word，妳就會打開那個開關慢慢走過去。（Bony）

我之前跟同學出去玩的時候，無意間聽到另外一群腐女也在講，就是聽到幾個關鍵字，因為我們那時候也在講，可能她們也有聽到，我們就突然暫停……對看……然後我們雙方就很疑問：「妳們是嗎？」後來我們就兩邊就互相指說：「妳是嗎？」然後……彼此點頭，後來就變得很熟。（喵喵）

腐女們藉由「關鍵字」建立一種「出櫃密碼」，無論是ＢＬ的作品名稱、腐圈、ＢＬ的專有詞彙等等，都是讓腐女於茫茫人海中判讀對方是否為友善、同好的重要依據。縱使和對方沒有直接互動，但藉由聽聞對方談話所使用的字彙和與ＢＬ相關的「關鍵字」，腐女們得知彼此都是同好，這條線索讓雙方都確保對方是可以「出櫃」的對象。

除了藉由明顯或有跡可循的線索來判讀對方是否為同好之外，有些腐女表示她們有時候會「莫名」的感受到對方也是同好，從而表示有種特殊的「腐女雷達」可以讓她們察覺到對方也是圈內人。

我第一個認識的耽美同好朋友是在大學認識的，就是有一種雷達，我很難說明。認識的過程就是我第一次遇到一個女生，但是卻有種熟悉感，然後我就不假思索脫口而出：「妳有看ＢＬ嗎？」就這樣認識了，這感覺很難說明，但就是知道對方也是。（雅典娜）

覺得還蠻好玩的是，我在漫展上遇到很多女生都是腐女，這麼剛好……應該說是……同類相吸嗎？妳即使完全不知道那

Rita ....

個人，可是妳發現跟她接觸之後兩個人都是腐女，雖然可能喜歡的東西不一樣，但妳們會發現都是腐女。妳明明跟那個人都沒有照面，妳就覺得腐女還是有吸引力的……腐女有一種吸引力會吸引同類來相聚。

像我有一次看那個同學，後來有幾個人就默默的靠過來說：「妳在幹嘛？」後來發現都是同類。

岑芳

雅典娜用「雷達」來指稱這種無法用言語形容的直覺，藉由直覺和熟悉感，跳過「出櫃停看聽」的迂迴方式，迅速的和對方彼此認識；Rita和岑芳的經驗也顯示，縱使沒有明顯的線索讓腐女們彼此察覺彼此的存在，但「同類相吸」這種難以言喻且微妙的現象，讓她們得以跨過許多出櫃策略，迅速找到彼此。**這樣的現象與同志圈內常用的「雷達」一詞有異曲同工之妙，也就是說，雖然同志的身分／腐女的BL興趣在異性戀霸權／父權體制下被噤聲，但藉由肢體、語言、文本甚至是看不太出來的「摩斯密碼」，得以彼此相認。**

當然，腐女的「出櫃停看聽」策略並非只是被動和防範外界的敵意，有些腐女會積極影響她周遭的朋友和親人，促使他們對ＢＬ產生興趣或表示友善，希望興趣能夠獲得他人的承認和接納。

我弟知道我是腐女，他一開始也會很無奈的說：「妳不要這麼瘋狂的抓著我好嗎？」不過之後我會拿ＢＬ給他看，我也曾經故意騙他說：「這是我剛寫的小說，你看看之後給點評語吧。」讓他接觸到一些ＢＬ，反正就是經過幾次的對話＋腐導後，他也喜歡上了，就像看動漫時也會妄想，也接受了我的妄想。（小璃）

小璃藉由ＢＬ相關書籍和她自己寫小說，「藉口」請弟弟評論的方式，對弟弟進行數次「腐導／輔導」，讓原本對ＢＬ沒有興趣的弟弟開始接受她的身分和興趣，甚至會陪著她一起妄想／ＢＬ化動漫畫作品。小璃的母親與其他選擇「避而不談」的父母不同，對於ＢＬ非常友善，甚至有興趣：

我媽昨天知道我是腐女了，然後問了很多關於ＢＬ的問題，例如她就問：「ＢＬ是不是一定有Ｈ？」我說：「也不一定，看情況吧。」然後她又問：「妳有看吧？」我就說：「間中吧。」之後又問：「妳寫的小說是不是ＢＬ？」然後我媽就是很興奮的樣子，我就對她說：「妳有興

趣的話我去找些微小說給妳看。」我現在的目標是令她變成腐女。（小璃）

在察覺女兒的嗜好後，小璃母親很感興趣的問了許多問題，小璃也沒有迴避或打哈哈的將問題繞過，反而坦誠回答母親的疑問。母親表現出的樣子讓她覺得母親頗有當腐女的潛能，便說出「我現在的目標是令她變成腐女」這樣的聲明。事實上，許多腐女在察覺周遭的人對ＢＬ是友善或可以接納的態度後，或多或少都會有「宣傳ＢＬ」的相關行動。

我是腐女的事情傳遍全級了，而且還有學妹跟我相認說：「我也是腐女，妳萌什麼ＣＰ？」其實一開始在班上就只有我一個腐女，不過後來我把我一個朋友變成腐女後，我們年級就突然多了很多腐女。後來我們就一起買ＢＬ漫，討論情節，出外的時候看到姦情激動一下這樣，而且我在學校到處都發現腐漫，教室……哪裡都有……。（Ｔｉｆｆ）

Tiff表明一開始班上只有自己是腐女，但在她將一個朋友變成腐女後，突然發現腐女像雨後春筍般從各班冒了出來。同好的與日俱增，除了彼此討論和分享喜好，也形塑出一定程度的團體認同感。雅典娜也會試圖「帶壞」她周遭的女性好友：

我不會到處主動跟別人說我喜歡耽美，不過我倒是時常嘗試「帶壞」我周遭的朋友，不過都是女生就是了。至於我男朋友的話，在剛交往時我就主動跟他說了，其實還是朋友的時候，我就有隱隱約約說過了，所以他大概也知道，反正他能接受我的興趣那我們再說，不能，就再見。（雅典娜）

身為腐女的讀者看到雅典娜的說法後，是否有跟我一樣露出會心的一笑？對ＢＬ的熱情以及心中高漲的悸動，總會讓我們開始給周遭好友挖坑，試圖讓他們也愛上ＢＬ這美好的世界。（說到這裡，我面前浮現被我推銷ＢＬ的夥伴無奈神情XD）當然，我們在推坑前會事先衡量對方與自己的關係、避免造成他人困擾、以及「成功腐化」對方的可能性。

至於交往對象，許多受訪腐女的回答頗為一致，她們都表示未來的交往對象不論男女，要是不能接受她們對ＢＬ的興趣，二者擇一的狀況下，都表示會放棄交往保留ＢＬ的興趣，Ｎ更直接表明對方對這興趣的歧視，其實就是沙豬的展現：

我……如果之後交男友的話，妳會告知他妳喜歡ＢＬ嗎？

N 我覺得我應該隱藏一下這方面的興趣，然後漸漸在相處上一點一點滲透。如果合不來這方面的興趣，那大概也沒辦法長久，我目前是這樣想的。

我 滲透的意思是？

N 比如說悄悄地在對方面前看ＢＬ之類的，或是看到萌場景的時候後說：「喔喔，有（男男）姦情！」之類的，然後指給他看，或是反問他你不覺得這很萌嗎？再觀察下一步怎麼走，如果他反彈太強烈我可能就想清楚是不是要攤牌。其實，比起不能接受這個興趣，我比較不能忍受的是對這方面的歧視，甚至對同志或性別有歧視這個我就完全不能接受。簡單來講，我就是不喜歡沙豬。

N的「滲透」說法呼應許多腐女「出櫃停看聽」策略：不先明確表明自身的腐女身分，但會在日常相處中藉由迂迴釋放出訊息的方式（如在男友面前看ＢＬ、故意指出男男之間的曖昧情素等等），再觀察男友接收這些訊息後的態度、反應，決定下一步要怎麼走；如果對方反彈太激烈，她可能就會考慮攤牌。她表示對方不能接受ＢＬ的反應其實和恐同及性別歧視有關聯，從而表明她就是不喜歡沙豬。

雖然訪談的大多數腐女對於自身的興趣和身分認同都是持低調、隱藏的策略，但少部分腐女雖然明知外界的不友善眼光，卻因對身分、興趣的強烈認同，讓她們不太畏懼和擔憂自己身分曝光後可能的負面效應。

我不設限，我很樂意也願意跟別人談ＢＬ或是表明腐女的身分，我也願意講出我對正太的那種變態思慮。（Gusa）

我看ＢＬ的興趣一直以來都不是秘密，很高調，反正只要是人我都會跟他說我喜歡ＢＬ的興趣。（小冠）

Gusa是一位頗有膽量的腐女，她在一家人吃晚飯時被兄長「強迫出櫃」，就算面臨餐桌上親人們的訝異目光她也沒有畏懼或選擇迴避、敷衍帶過，反而非常坦然的公開自己身分和興趣，在學校也不會迴避這方面話題的討論，除此之外，她個人對正太的特殊偏好及情色妄想也不避諱和別人分享。小冠則是所有認識她的同事、朋友、家人都知道她這方面的興趣，也從未避諱或擔心被他人知道。

她們兩位的經驗與許多「低調」的腐女不同，顯示在腐女圈中，縱使大家或多或少都知道這樣的興趣是少數或是會遭受到外界異樣眼光看待，但仍有人不畏懼前面眾多腐女所提及的擔憂，願意坦然面對自己的身分認同和興趣喜好。當然，腐女們的「受迫」經驗會因為所處的位置和環境差異而大不相同，受訪的腐女也有人不曾遭遇過任何困境或阻礙，這點就宛如同志們面對家庭出櫃議題，有的同志可能輕輕鬆鬆就過關，甚至得到親人大力支持；有人跟父母親則是一路跌跌撞撞才找到彼此都能接受的平衡點，當然也有最慘烈的例子，從此和家人斷絕關係互不往來。或許身為腐女的妳就是那位幸運兒，不曾因為這個興趣受到任何不友善的對待，但從許多腐女的敍說中，想必妳也能體會到她們所隱藏的難過、擔心及憤怒。

我想說的重點是：將這些生命經驗放在整個社會脈絡下，它們絕對不是單一案例，而是許多腐女們的共通經驗。當我們把這些看似零碎、相似或相異的生命經驗，像碎花布拼湊、縫合後，便能看到當今臺灣社會的現實樣貌。如果我們換個角度來看，它們不只是擔任見證人的角色，某種意義來說也是腐女、ＢＬ之所以會出現的理由。

在這章開頭，雅典娜回顧了那段躲躲藏藏、擔心害怕的年少時光；隨著歲月的推移，年近三十的她在訪談最後說了這樣一段話。我想送給大家：

當妳看過了耽美，知道了就是知道了，妳是不可把腦袋挖出來把它除掉的。除非妳想假裝不知道，但就像同志假裝自己是異性戀一樣，很累的。簡單來說，喜歡就是喜歡，如果說耽美對我有什麼影響的話，就是我變得更勇於面對自己喜歡和不喜歡的事情吧，變得坦率了。到頭來，人是不可能永遠隱藏一個秘密的，連同性戀都可以那麼勇敢了，身為還算了解他們的人，怎麼好意思躲起來？（雅典娜）

共勉之。

PART.5

當 BL 與腐女
遇上同志

前面幾個主題的重點在「腐女」以及「女性為何會喜歡上ＢＬ？」接下來將視野拉遠，從一個更高更廣的角度，來看在跳脫文本和二次元限制後，她們如何與三次元的同志族群進行對話。

我們一樣要先打個預防針，來處理一個對許多腐女（或者是男同志）來說頗為棘手的問題：到底ＢＬ和現實的男同性戀者有何差異？

Why BL= 男男戀 ≠ Gay 或男同志？

「Why BL= 男男戀 ≠ Gay 或男同志？」這個問題，從我多年前剛接觸BL時就一直縈繞心頭，當時的我相當納悶，為何許多腐女要再三強調BL不等同於現實的男同志？漫畫裡明明畫得如此「激烈」又愛得死去活來，腐女們卻再三聲明兩個男主角並不等同於現實的同性戀者？難不成兩人都還是異性戀男生？當時還沒展開訪談的我，甚至為了這問題與腐女朋友爭論許久。回首來時路，看著還是小嫩嫩的自己完全忽視前文再三強調的重點：**BL是一個由女性創作、女性消費的文本，它建立一個專屬女性的空間。在這空間中，女性試圖描繪、創作男男之間「同性愛」的文本。「Why BL= 男男戀 ≠ Gay 或男同志」這問題的答案，其實就存在這句話當中：女性觀點、同性愛。**

首先，來看看跟我犯了同一個錯誤的記者是如何忽視從女性觀點來理解BL，在「用字遣詞」

上將其等同於現實的男同性戀者，而造成了一種「美麗的誤會」：

陸爆紅男同志情色小說網寫手全是二十歲少女

（2012／04／06 12:58 記者陳思豪／綜合報導）

大陸一位男子在網路上創辦了一個名為「耽美小說網」的網站，裡頭刊載了高達一千二百篇有關**男同志戀情的情色小說。沒想到撰寫這些內容的作者，全部都是年紀約二十歲上下的少女。**耽美一詞最早的用法，是指一切以美為基準的事物，讓人看了賞心悅目。但後來卻逐漸指向**描寫男同性戀情**的動漫或小說。……但令人好奇的是，**這些未成年少女，竟然能夠清楚刻畫出同性戀男子的愛恨情仇，確實讓大家相當震驚。**有員警指出，這些女孩子平時都是家長、鄰居眼中的「乖乖女」，涉世未深，有的甚至還沒談過戀愛、交過男友。

資料來源：華視新聞，http:\\news.cts.com.tw\nownews\society\201204\201204060974614.html

從我在報導中標示的粗黑體字所強調，不論是新聞記者、警察都因為對BL的不理解（很多人可能是第一次接觸到這類文本），而將它等同於男同性戀小說來看待。事實上許多父母、師長或同學等**「外人」——不理解BL也不曾、或看過很少BL的人——都將這類**

描繪男性之間「同性相戀」的ＢＬ文本等同於現實的男同性戀者。

這種「誤認」的現象，在我跟所謂的「外人」解釋「ＢＬ是什麼」時，幾乎不曾缺席過。他們聽完解釋或是看了幾本ＢＬ漫畫後，就會不假思索的說：「這不就是在講同性戀的故事嗎？」

對，但也不對。

關鍵就在於，ＢＬ是一個女性創作、女性消費，以女性觀點來描繪男性之間同性愛的文本。我必須再三強調，「女性觀點」至關重要，這也是奠定ＢＬ文本為何跟男同志文本——不論是Gay漫、男同志小說、男同志電影——在敘事結構上會不一樣，或是必須有所區隔來看待的理由。我們也可以反過來解讀，ＢＬ文本以及相關的文化，並非是由男同志族群所促成的，因此縱使文本內容是以「男男戀」為主軸，但卻是女性觀點詮釋下的「男男戀」。

我們應該承認，創作者本身的性別位置以及隨之而來的生命經驗，無可避免的會反應在創作的文本裡面；事實上，這也奠定了男同性戀作家所創作的「男男戀」與女性所創作的ＢＬ相比，會更為社會寫實的緣故。

而兩者在文本敘事上最大的不同，是因創作者的性身分差異而造成文本中男主角身分認同上的不同。男同志作家筆下的男主角，沒說出來的前提及預設便是主角的同志身分；相反的，女性作家所創作的ＢＬ作品，男主角卻未必有同志身分的認同，故事也未必會有所交代，這種完全忽視性取向身分認同的現象在二創的ＢＬ作品最為明顯（例如 JUMP 裡被大量拿來配對的男主角，縱使在二創裡玩得再怎麼肉慾，讀者們也不會將該位男角的行為和愛戀等同於同性戀身分）。

簡單來說，兩者的差異點就在於「身分認同：同性戀者」以及「行為：同性愛」上頭。如果各別用一句話來表示，就是：

ＢＬ：「愛上一個人，那個人剛好是個男人。」

男同志：「我是男人，而我只能也只愛男人。」

我在書中許多地方一直使用「同性愛」，而不是用「同性戀」來指稱ＢＬ文本中的男男戀劇情，理由在於，**同性戀這三個字是一種身分，但同性愛卻只是一種行為。**

在女性所創作的ＢＬ文本中，強調的是一種跨越性別規範的愛情，一種描繪「男主角愛上了一個人，但發現那人剛好是個男人」的「同性愛」文本；相反的，男同性戀者或男同志，則是一種身分和性取向宣示，說出這三個字的同時，也代表我向他人宣示自己是個「只能」也「只愛」男人的男人。

這樣的差異導致ＢＬ文本裡，許多男主角發現到自己愛上男人後有這樣的自白：「我從來沒有對男生有感覺過，直到遇見你。可是遇見你之後，我還是不會對其他男生有感覺，我只對你有感覺。」因此，如果我們硬要替BL裡面的男主角劃定性取向身分的話，絕大多數的男主角應該都算是雙性戀者吧！

這種強調不分性別以及跨越強制異性戀規範的獨特愛戀，但卻不把愛變成性取向身分認同的作法，是BL文本中的男男戀不等同於現實社會中的男同志或同志文本的最主要理由，也是許多腐女會說BL代表的是女性妄想或幻想中男男愛戀的緣故。

當然，替BL及同志文本劃下「分門別類」的那條線同時，也代表兩者之間的差異是可能被跨越甚至模糊化。事實上，也有女性創作的BL作品還頗有同志關懷或直接將男主角設定為同志身分，例如今市子、吉永史的作品，就有將日本男同志在社會、家庭遭遇到的實際問題及掙扎描繪到漫畫裡。此外，過往的我往往可以一眼便辨別眼前漫畫是出自女性還是男同性戀者之手，兩者最主要的差異在於畫風及男性身體的描繪上。一般來看，女性漫畫家的筆觸及身體線條的描繪往往比較修長和纖細，相較下Gay漫在身形描繪上除了更為寫實外，對肌肉線條的描繪就會特別強調甚至誇張化。而在性描繪上，Gay漫的性愛場景平均比例往往高於BL文本。

然而，當今兩者之間的差異有逐漸被鬆動和打破的趨勢，特別是近幾年的BL作品（不論是商業誌或同人本）已經可以看到女性繪者的畫風有往寫實描繪的方向前進，至於展場上肉本的內容及描繪，也開始讓我產生「女生竟然能畫出這種東西！」的讚嘆XD。

總而言之，ＢＬ之所以被命名為ＢＬ，而沒有被等同於（男）同志所創作的文本，追溯源頭是「女性創作、女性消費」兩點所致。雖然兩者仍有許多差異或是交融模糊的地帶，但在對抗父權及強制異性戀上，卻都有志一同的產生有趣的同盟關係。

讓「愛不分性別」：臺灣腐女對同志的態度

每當我跟同志朋友介紹或講述BL這文化時，有些社運圈的朋友就會問：「愛看BL的女生是否會因為這興趣，而對同志比較友善？」每每遇到這個問題，我給的答案都是肯定的。

大部分自我認同為腐女或熱愛BL的人，與其他族群——撇除同志族群本身，不論是階級、宗教、職業、性別等名稱所囊括的群體相比，對同志族群的態度是相較性友善的。不論是我在社團的觀察、訪談對象在言談中的說法都足以支持這個立論。但不可否認的，也有腐女朋友跟我分享過她們有在看BL的朋友其實是恐同的。

該如何解釋這樣的反例呢？事實上，如果反問那些從事同運的同志朋友：「同志裡也有恐同的嗎？」得到的答案必然也是Yes！類似的答案也可以從婦運人士、反種族歧視者、勞運人士口中聽到。也就是說，縱使同屬受壓迫群體的一員，受壓迫者中必然也會有人內化了壓迫者的思維，成為自我厭惡的反面例子。

那麼，既然同志當中都有恐同的同志了，腐女裡面會有恐同者也不讓人意外了吧！假設今天對同志的恐同和友善指數量表是-100至100的區間，-100是最極端的恐同者，認為同志應該判處死刑、處以刑責，100代表當事人能接受並支持自己的小孩是同志，我認為95％以上的腐女應該是落在0到100之間。0代表什麼意涵呢？簡單來說，處在0這位置的腐女本身對同志族群沒有負面的偏見，但也僅止於此，她們對於現實社會中的同志權益或遭受到的不平等對待完全呈現冷感，也就是「自掃門前雪」的狀況。

幸運的是，絕大多數的腐女都坐落在非0的位置。

我是看ＢＬ才修正我對同性戀的觀感，在我國小一、二年級那時候，我在圖書館看過一本ＢＬ，現在回想起來我那時候有點恐同耶，那時候我看了就覺得不舒服，看了一半就把它放回去，我覺得我「現在」還不能接受，可是到小四、小五那時候再接觸ＢＬ之後，就開始慢慢了解這個族群，我覺得同性戀已經不是什麼大不了的事情，所以覺得ＢＬ改變我人生很多。（夏燁）

過往我曾經跟一個男同性戀吵架，吵到絕交，國中的日子變得很難受。不成熟的心理譜成的想法是「都是他害的」，開始厭惡起同性戀這種事，看到會反胃不自覺的鄙視。後來會轉變是經

由ＢＬ作品描繪的心路歷程，理解到他們存在的壓力，渴望人們接納的那種願才開始有所體諒，這算是我人生中的一種啟發吧。（Gusa）

由於在ＢＬ作品的劇情設定上，常常會有描寫男主角愛上男性時所產生的惶恐和自我否定的內心戲，甚至描繪周遭他人對其同性戀情的反對和排斥，而這類劇情描寫往往是腐女們體認到同性愛戀是不被社會所接受的「禁忌」，但也因為這樣的描繪，讓許多腐女談及「ＢＬ**代表的是一種跨越性別規範的愛情**」。在這樣的脈絡下，**腐女藉由ＢＬ作品建構出一套以「愛」為依歸的性別友善論述，在「愛」的前提下，不應該有任何條件限制和歧視。**

畢竟跟愛的人在一起，有什麼不對？（Rita）

愛勝過一切，順其自然就好，所以我覺得同性戀沒什麼。（そう伊達廚）

除了以愛作為捍衛同性相愛的主要論述之外，藉由ＢＬ作品以及現實生活中所見所思，也讓她們反思強制異性戀規範的影響：

ＢＬ接觸久了，現在我的觀念是一個人可能愛上女生或愛上男生是沒有特別限定，可是他因為一生下來就被大家、家長啊去限定男生一定得愛女生，女生一定得愛男生，所以變成說他們可能觀念裡面已經先有這樣的念頭存在了，可是男生愛男生或男生愛女生其實都沒有錯啊！（雞蛋）

就我而言愛是不分性別跟界線，曾有人對我說同性戀違反自然法則需要糾正，有些人總是嘴巴上說尊重，卻還是會用有色眼光看待他們，他們不但要飽受社會、環境、父母的壓力，同時與自己的渴望來回拉鋸著！特別是父母親的支持和接受對他們來說非常的重要。（社團）

除了受訪的腐女對同志族群表示友善外，在社團的留言版和互動當中，也可以看見成員po有關同志的相關新聞，包含伴侶盟的立法草案新聞、女同志美瑜與雅婷的佛教婚禮、男同志敬學、阿瑋的婚姻訴願新聞、美國同性婚姻合法化等，都可以在腐女社團和專頁上看到。令人感到意外的是，許多受訪腐女雖然只是十多歲的國高中生，她們除了意識到社會上對同志的歧視和制度上的不平等外，對於恐同文化的反思和批判更是頗有力道和深度。

我有一些同志朋友身受其罪，總是很想替他們打抱不平，社會上常說同志的愛是噁心、錯誤或是一定是生病了，只要去治療就會好，再加上現在很多電視都把同志妖魔化。這個世界是以多數的「相同」組成的，而他們這群少數的「異類」就總是會受到排擠，人總是有這種劣根性，大多數人都一樣的時候就會跟自己說自己是正常的，當這種「異類」出現在眼前，惡劣的人就會聯合其他人去嘲笑他們。（小蒼）

畢竟有些同性戀他們兩個在一起，可是如果哪天我的伴侶出車禍了，需要緊急手術的同意書，可是重點是我跟他是同性戀關係，我們兩個在法律上並不能……雖然說我們結婚了，我們已經算是對方的丈夫或妻子，可是如果哪天伴侶出車禍我沒有那個資格可以寫那個手術同意書……我就必須要打電話叫他的父母親人來，在那種緊急情況下，他們都沒有考慮過那些同性戀的感受。（雞蛋）

小蒼的說法正好點出了差異政治所關注的重點：差異所帶來的不平等對待；雞蛋從婚姻制度來反思同性伴侶在沒有法律保障情況下，所面臨的制度性歧視和權益受損。除了在社團內表示對同志的支持外，腐女們在日常生活中遇到恐同的相關論述和說法，也會站出來發聲。

其實比起不能接受BL這樣的興趣，我比較不能忍受的是這方面的歧視，甚至對同志或對

性別有歧視這個我就完全不能接受，簡單來講我就是不喜歡沙豬。（N）

像我爸就跟我講過，他說搞同性戀的人都是腦袋天生有問題，我說那是歧視啊！因為其實像我們之前學過……好像不管是那個人，很少有那種絕對的同性戀或異性戀，所以每個人都有這種潛在的因子在，那很多人都有這種概念是同性戀跟愛滋病會是一起的，那我覺得這就是歧視。像我同學之前就有去臺北參加同志遊行，回來有打心得說她很感動，我是覺得蠻贊成的，可以的話我也想跟著她去。（六隻羊）

我覺得我一定要支持，我不希望有人排斥，如果有人在我面前講說他排斥同性戀、覺得同性戀不好，我覺得我一定會站出來跟他對峙。自從接觸ＢＬ之後，就算是ＧＬ好了，我也不能接受有人排斥她們，如果只是因為對方是同性戀就從此怕他或言語暴力、霸凌，我可能就會暴怒吧！（雞蛋）

「受迫之所在，力量之所在。」在訪談過程中，許多在過往或日常生活遭遇過「入櫃」經驗的腐女，特別是「受迫」程度越明顯者，她們對同志的友善程度也越高，如N、雅典娜、Bony、雞蛋、月瞳等人。當社會對同志的汙名和歧視順著ＢＬ文本蔓延而上時，許多腐女在遭遇到攻擊和不友善對待的同時，除了意識到有問題的是社會外，也學會抗拒這類恐同言論的說法，而她們更從這類經驗中「感同身受」同志族群在社會上所遭遇的困境及歧視，即便她們本身並非同志身分，然而這些切身經驗卻讓她們得以成為勇於為同志發聲的「直同志」。

腐女身為ＢＬ的愛好者，對於男男戀文本的熱愛，除了讓她們反思社會上無所不在的異性戀預設、恐同文化以及強制異性戀規範對同志的影響外，ＢＬ文本閱讀風氣的興盛和腐女人數的增加也帶來另一種現象：腐女／ＢＬ和同志學生在學校場域形成另類的結盟關係。

當同志學生遇到腐女：學校場域的同盟關係

由於我在同志諮詢熱線南部辦公室擔任志工，時常到國高中去跟學生談認識同志或性別教育等議題。在演講開頭，為引發聽眾動機，我往往會用學生比較熟悉的文本、演藝明星或時事來談同志。在這當中，就屬ＢＬ或ＧＬ短片能引起的迴響和尖叫聲最為明顯——特別是在高中女校的時候，臺下響起宛如演唱會現場的尖叫聲往往會蓋過短片的配樂XD。

基本上，根據臺下女學生興奮而開心尖叫的音量大小，就可以判斷出這班上隱藏了多少位腐女。此外，其他熱線夥伴在入班演講時，只要詢問學生聽到同志會想到什麼時，ＢＬ這兩個字母很少在黑板上缺席。現在每當我們男同志夥伴出外演講時，只要講到一些莫名的點但臺下女學生卻顯得特別興奮或躁動時，都會打趣的笑說應該是腐女所引起的。某次我跟另一位男同志夥伴去高工演講，ＱＡ

時間有個男同學舉手發問，開口便直接說：「你跟他誰是攻誰是受？」當下我完全傻住語塞，腦袋則是一片空白，最後是在夥伴的協助下才「低空飛過」這尷尬的問題。

上面在學校遇到的有趣故事還有一籮筐可談，這些經驗其實都指出了**BL文本在臺灣校園的流傳度有越來越廣的傾向**，事實上許多老資歷的腐女（如羚、六隻羊、蚊子、Bony）都表示BL作品和其讀者群相較於她們年輕在學時有增多的趨勢。在國中任教的羚指出，她所教的班級裡面有許多女學生都會閱讀BL的作品。

> **看BL的話……一個班級的女生，起碼有三分之一到二分之一會看，就算沒有那麼熱衷也會知道幾部作品，或者也會知道這個東西。以前我高中的時候，講BL沒有人知道，妳講了也沒有人懂。可是現在連男生也都知道，他們全部都知道這個是什麼樣的東西，那一類的作品、內容是什麼。（羚）**

我在社團的參與觀察中，發現許多團員彼此之間是同班同學，而同儕的關係網絡也讓看BL的興趣在女同學之間迅速傳播，就如Tiff在先前「不可告人的秘密：腐女的入櫃和出櫃停看聽」篇章所說：

其實一開始在班上就只有我一個腐女，不過我把一個朋友變成腐女後，我們年級就突然多了很多腐女。後來我們就一起買ＢＬ漫，討論情節，出外的時候看到男男姦情激動一下這樣，而且我在學校到處都發現腐漫，教室……哪裡都有。（Tiff）

ＢＬ逐漸成為時下女學生的興趣及喜好，其實它早已是學生們認識或理解同志的大眾文本，或許它並非那麼「真實」的體現同志族群的樣貌，但不可否認的，伴隨動漫文化的興盛、同人文化所影響，許多學生藉由這類文本來間接理解或關懷同志議題。事實上，腐女對於ＢＬ的熱愛，在學校場域中形塑出一個相對友善的性別氛圍，在訪談過程中就有腐女因為自身對同志的友善態度，而自然而然吸引同志同學對她們出櫃。

夏燁……………我有個朋友就是同性戀。

我……………是女生嗎？

夏燁……………男生，他在國中才確認自己的性取向，不過他只有跟幾個人講，沒有很多人知道，頂多兩三個。他家人都不知道⋯因為他是他們家唯一的一個兒子。

我：所以是怎麼樣的情況下他跟妳說？

夏燁：是我先跟他講我有在看ＢＬ的書，他還給我看男同志的交友網站，說是全臺最大的交友網站（註：拓網），之前還曾經帶我去看過西門紅樓，在小六暑假⋯⋯升國中的時候。

我：所以他只有跟兩三個出櫃，妳是其中那一位就是了。

夏燁：他是挑接受度比較高的說。

我：他為什麼覺得妳接受度高？

夏燁：因為我有在看ＢＬ啊！

夏燁的經驗反映了在校園場域中，腐女／ＢＬ是如何成為同志學生一個可以「安全出櫃的認證標章」，對夏燁這位男同志同學來說，夏燁對ＢＬ的喜好成為他判斷夏燁是否對「同性戀友善」的重要依據，進而勇敢向她表明自身的同志身分。

我去學校演講的經歷也呼應了夏燁的狀況。在某次熱線所承接對國一學生的「多元性別與認識同志」演講中，擔任主講人的我用《影子籃球員》的ＢＬ短片做開場，現場學生們在看到黑子出場當下就 high 到最高點（四場裡面尖叫聲最多的一場 XD）在放影片時，我聽到後面有二個男同學的對話：

甲男同學……那個黑皮膚打球超厲害的！（註：青峰大輝，作品中的男性角色）你一定要去看這部。

乙男同學……我才不要看同性戀卡通。

演講結束後，我告訴在場同學有問題的可以到臺前詢問，當我正在收隨身碟入包包時，有四位同學（二女二男，看起來彼此是很好的朋友，因為聊天時四個人黏很緊）一起來講臺前跟我詢問問題：

A女同學……老師，如果你遇到對你不友善的人的時候都怎麼應對？（註：演講時我有出櫃自己的同志身分。）

我……妳為什麼會想問這個問題呢？

A女同學……因為……班上有同學會用異樣的眼光看我，那種眼神感覺不舒服。

我……嗯……他們為什麼會這樣做？

A女同學……他們就再傳我是雙性戀的事情，就會跟很多人講。

我　妳有跟同學說過自己是雙性戀嗎？

A女同學　我沒有跟他們講過，但是他們就不知道為什麼就這樣說，弄得很多人都知道，有些人會一直追問我很煩的問題，不然就是刺探我是不是真的是雙性戀。

我　那妳自己覺得自己是嗎？

A女同學　我是雙性戀啊，不過我都沒跟他們說過，他們就莫名其妙的跟其他人說。

B女同學　我也是啊，他們知道我喜歡看BL之後，也會說我是不是同性戀，就被弄得很煩。

我　所以妳有什麼不好的經驗嗎？

B女同學　就跟ＯＯＯ（A女）一樣啊，他們就覺得妳很奇怪，然後會說妳為什麼喜歡看這種東西，會說很噁心等等之類的。

我：所以妳跟她（A女）一樣也是雙性戀嗎？

B女同學：我是異性戀啦！不過會一直被追問是不是同性戀（生氣樣）。

（這時候A女推其中一個男生的手要他問問題。）

A男同學：老師我……（支支吾吾樣）。

B女同學：（搶話）老師，他是要問說要不要跟父母講自己是同性戀的事情。

我：（對著A男同學問）所以你覺得自己是男同性戀？

A與B男同學：（兩個人同時點頭）

我：（訝異貌）你們兩個都是？

（B男同學默默點頭笑一笑，A男同學則是回答：對啊。）

我：如果你覺得不安全或是對方很可能不能接受，老師是建議不要說自己的同志身分，不然讓你爸媽知道你的同志身分可能會讓你家鬧家庭革命。話說，你為什麼會想讓你爸媽知道呢？

A男同學：之前因為有跟同學說過自己喜歡男生……結果後來傳到我們老師那邊，老師就要我跟我爸媽說……。

我：老師要你跟爸媽公開自己的同性戀身分？（驚訝）

A女同學：（插話）他說的是學校老師要他跟爸媽說，後來補習班的老師知道這件事後，就要他不要跟父母說。

B女同學……（笑著對A女說）補習班的那個老師也是腐女，她上課時都會聊到我們（指腐女）喜歡的東西。

我……所以你後來有跟爸媽說嗎？（對A男同學問。）

A男同學……後來就沒有了，所以想再來問老師你的意見。

某次演講完後，有一位身高一七七左右的靦腆國三男生來到講臺前，跟我以及另一個男同志講師聊天。（與熱線接洽的輔導主任也有在旁邊一起聊。）談的主要內容是關於這位國三男生身分認同的摸索，以及和男生告白後被班上同學用異樣眼光看待的經驗。在聊到他自己如何在網路上尋找相關的資源和同志資訊時有這樣的對話：

我……所以你會找尋同志這方面的相關資料嗎？

國三生　嗯……就會找一找，像剛剛演講放的黑子影片我也有看過這類的BL，就會上網找相關的來看……像是腐女、腐男的也知道……還有看過×××。（某作品名稱，不過我忘記了。）

我　（驚奇貌）你怎麼會接觸到這個的？

國三生　就我之前認識個一個對這方面比較友善的學姊，她介紹給我看的，後來我也會上網找來看。

我　（心中想這位學姐應該也是腐女）所以她知道你喜歡男生這件事？

國三生　嗯，因為她跟我們班上同學比起來友善的多。

中間聊到他在班上因為跟喜歡的對象傳紙條告白，被同學發現後的狀況和後續應對：

我　　那你在學校裡，有能夠談這方面事情和想法的同學或朋友嗎？

國三生　嗯……就只有剛剛談到的學姊還有她姊姊們，她們家三個女生好像都是B（表示雙性戀的意思）。

我　　三個都是？那她們也都有看BL？

國三生　嗯。

我　　喔喔，好有趣。（心中想……家中三姊妹都是腐女！）

承接這兩場演講的同時，我剛好也在進行碩論的訪談。在敏感度全開的狀況下，我回到家後便趕緊把這兩件「趣事」給紀錄下來。現在回過頭看這些回憶，突然有種被聖光籠罩、獲得天啟的感覺Level Up！這種感覺就像當初找到「女性為何會喜歡上BL？」、「在BL中的女角為何都會消失？」等問題的答案時那種豁然開朗的感受。

「世界上沒有偶然，有的只是必然。」

是的！同志學生會和腐女、ＢＬ文本產生同盟關係可以說是社會結構壓迫下的必然結果。不論是男同志學生藉由ＢＬ文本來建構自我認同的資源；雙性戀的腐女、異性戀的腐女以及男同志學生之間因為外在環境的不友善經驗從而聚在一起、互相支持等，都是結構下可以預期的結果。

簡單來說，這就「在同一條船上」吧！

踏在彩虹的彼端：腐女本身的多元性別

在「腐女的出櫃停看聽」單元裡我有提到，有些腐女的父母擔心女兒會因為看了BL從而「變成」女同性戀，當時的我是用「荒謬」來形容這種擔憂。然而，其實我要強調和反駁的重點是這種「擔憂情緒」背後所隱藏的「恐同情節」。如果說臺灣社會並不將「非異性戀者」放在一個被貶抑、不正常或病態化的位置，想必許多孩童從小便能接觸到許多非異性戀中心的文本，在這當中一定會有小孩發現到自己真正的模樣或偏好，得到「啟發」並意識到自己不是那麼異性戀。這又何罪之有呢？只有在強制異性戀的社會，這種「啟發」才會被認為是有罪且不正確的；套句某盟的論點：「讓還沒成年的小孩看這種同性戀作品，會讓他們造成性別混淆，害他們變成同性戀從而耽誤人生。」

弔詭的是，從來沒有人會在意同志小孩因為找不到認同的資源、看不到其他同志身影或這類文本，而迷迷糊糊、跌跌撞撞的以為自己是個怪胎、生病甚至自我傷害。這種社會現象背後沒說出來的真意是：只有異性戀才是唯一合法、正常的性取向，其他偏離「常軌者」全都是有問題的。

讓我們拋掉這種荒謬的擔憂，看看腐女們是如何受到ＢＬ的「啟發」，讓自己不再那麼「正常」。

我覺得愛情是無分性別年齡的，雖然現在有交男友，也不曾對女生心動過，但我覺得我若是有女友也不會怪異，只要有愛就行了，可能有天就會忽然找到了。（小妍）

我有朋友說可能是ＢＬ看太多……她是女生……就覺得好像女生也可以耶，可是她還是自認為是異性戀，但也不會排斥同性交往的可能性。（岑芳）

我大概在幾個月前意識到自己對女生也有好感，當我察覺到的時候，我也當作好玩去問三個腐女朋友，結果發現她們都承認自己是雙性戀，我想大概是因為ＢＬ劇情常有這種懼怕社會觀感而不敢袒露的，看久了似乎連自己也被感化覺得愛不分性別，開始學著去接納這些同性戀者，我似乎是這樣改變的。（Gusa）

從小妍、岑芳和Gusa的回應可以看到，腐女們不管是因為「看多了」描述同性愛的BL文本而鬆動或啟發自身的性取向認同，抑或是因為BL強調「愛不分性別」的緣故，造成她們自身或腐女好友對於和女生交往的可能性持開放態度。對Gusa而言，她在接受訪談前的幾個月才開始意識到自己對女生也有好感，進而認同自己的雙性戀身分，這跟BL劇情中「懼怕社會觀感而不敢袒露的，看久了似乎連自己也被感化，覺得愛不分性別」是有密切相關的。有些身處異性戀關係中（有男友）或自我認同為異性戀者的腐女，對自身的異性戀性取向仍抱持彈性、開放的態度。

我本身是異性戀，目前也有交男友，還沒有喜歡過女生，但我想直到有一天喜歡上女生，我才能知道自己是否為雙性戀吧，未來的事情很難說。（雅典娜）

我喜歡男生……但是我發現我的性別意識比較低，我覺得男生在我眼前跟女生在我眼前看起來是一樣的，不排除跟女生交往的可能性因為我是屬於感官型的。我的第六感還蠻強的，我看人第一眼會知道我跟他合不合，所以我會覺得說……如果我跟這個人合得來比較重要。（Bony）

我覺得我自己算異性戀耶，如果講到雙性戀的話，我是真的不排斥同性戀，如果哪天我喜歡

上女生我可能就會跟她告白，我不會說我喜歡那個女生可是我一定是異性戀啊！我不可能是雙性戀吧！然後我就去抗拒自己的這份感情，所以我不會排斥跟女生在一起。（雞蛋）

腐女的定義和ＢＬ有密不可分的關聯，而ＢＬ在「外人」眼裡又和現實的男同性戀很難切割，因此我也懷疑腐女受ＢＬ的影響，是否會造成只接受男同志卻對女同志有卻步的情況？但從許多腐女的發言和訪談結果來看，**腐女們由於自身的受迫經驗以及本身對ＢＬ的熱愛，讓她們能夠對雙重標準：只接受男同志，不接受女同志，這樣的狀況有所反思和避免。**

Rita

ＧＬ我也接受啊，我也常看ＧＬ的漫畫，我也覺得沒怎樣啊，如果妳本身是異性戀，喜歡男生，也只是喜歡看ＢＬ那就不能稱為腐女了，因為妳這樣反對ＧＬ，就不能自稱是一個腐女，因為腐女的定義並不是妳喜歡ＢＬ就是腐女，也是要接受……。

我：對妳來說腐女的定義是？

Rita：我認為只喜歡ＢＬ的人就定義自己是腐女是不對的，我認為妳要在這個……妳不能只喜歡二次元，妳在三次元上也要有認同和支持，妳不能說妳在二次元只接受ＢＬ，不接受ＧＬ……因為ＧＬ畢竟跟ＢＬ一樣也是同性愛，妳不能說因為她是女的……妳就不能接受！所以我認為如果妳排斥ＧＬ這方面，我就認為妳不能稱自己是個腐女，因為腐女是要概括接受所有的同性戀愛的。

我：所以妳覺得她們也應該支持女同志？

Rita：對，也應該支持，因為畢竟女生也是有權喜歡女生的啊，不是說只有男生……這樣的話世界還是不公平。

受訪的三十二位腐女中，有六位自我認同為異性戀，但不排除雙性戀的可能，她們也都表示這和ＢＬ作品中強調的「愛不分性別」有關。腐女藉由ＢＬ作品所建構的「愛不分性別」論述，體認到社會強制異性戀規範的空乏和虛假性，因此願意支持同志和性別弱勢族群，這樣的體認也讓她們反思自身的異性戀認同是可以猶疑／游移和彈性化的，對於自己和同性交往的可能性抱持開放的態度。

腐女之所以會反思甚至批判社會上的異性戀霸權、對同志族群持友善的態度以及對自身性取向採彈性的立場，最主要原因有三點：一、對ＢＬ的熱愛以及閱讀ＢＬ後所架構起來的「愛不分性別」論述；二、腐女／ＢＬ本身所經歷過的恐同指責及攻擊，讓她們能「感同身受」同志所受到的歧視和制度性的不平等；三、腐女因自身的「女性身分」以及隨之而來的生命經驗所產生的意識啟蒙。

轉個角度：男同志如何看待腐女與BL？

男同志們對於「從女性觀點」創作的BL（男男戀）有何看法？應該有不少腐女對這問題頗感興趣，我就曾被許多腐女朋友問過一樣的問題。簡單來說，男同志對BL的態度基本上可以分為三類：

對BL微感甚至無感的男同志：

不可否認的，要理解甚至喜歡上BL，某種程度上必須先有管道接觸到相關文本——不論是二次元或三次元的BL文本。然而，相較於主流的BG文本，BL還是有某種隱密度，雖然在租書店、書店、網路商城等處可以發現BL的身影，可能會被大辣辣的放在櫃臺或首頁上，但這類別的男同志大多都是目光晃過而未加注意。另外一個可能因素是，BL畢竟是以女性觀點創作的男男戀作品，因此對於這類男同志來說可能沒有什麼共鳴或引不起他的興趣（可能是畫風、劇情設定等因素所致），或者可以說，他們比較偏好男同志圈自己生產的文本。然而，隨著ＢＬ文化的興盛，縱使這類男同志沒有看過ＢＬ作品，但也或多或少聽聞過ＢＬ和腐女這些詞彙，不過理解程度可能跟一般人一樣停在表面而已。

熱愛ＢＬ甚至自我認同為腐男的男同志：

這類男同志可能從小就有接觸動漫作品或相關文本，或是周遭親朋好友中有人是腐女。這類男同志一方面把ＢＬ文本當成自我認同的資源管道之一，也會在大量消費文本的同時，加深和腐文化的緊密度及認同感。如果是自我認同為腐男的男同志的話，這類男同志除了對ＢＬ文本有固定、大量消費的習慣外，加上與腐女的密切互動，所以會比前一類男同志更能理解腐女和ＢＬ文本的相關現象和產生共鳴。例如，看到這本書前幾個主題，特別是妄想那篇，會露出會心的一笑XD。

對ＢＬ持懷疑或不甚接受的男同志：

這一類男同志不喜歡ＢＬ文本的原因，除了ＢＬ的敘事結構、畫風等不合其口味外，他們往往會將「自己的同志身分和經驗」、「男同志圈的文本」跟ＢＬ做比較，覺得ＢＬ的男男戀劇情很虛假或不符「現實」。如同本書開頭所強調的，這類男同志忘記或是忽視要從「女性觀點」來理解ＢＬ文本；另一個可能是，他可能看過某些「非常獵奇」的ＢＬ，所以才對ＢＬ沒有興趣甚至存有心理創傷XD。

當然，這三種分類只是很概略的指出男同志對ＢＬ文本的態度，個人偏好、接觸的文本量及類型、是否有認識或交情好的腐女等因素，都會影響該位男同志對ＢＬ的觀感。就我的觀察，第一類的男同志佔的比例最高，而在男同志圈裡有固定、習慣消費ＢＬ文本的男同志仍算相對性的少數。雖然很多男同志都聽過ＢＬ一詞，但大多數人不太會去主動找這些文本來看，或者是看的量很少。關於這個現象，我的解讀是：近年來隨著社會風氣開放和網路媒介興起，男同志只要在鍵盤、智慧型手機上key幾個字，便能在網路上找到大量的同志文本，讓他們甚少去找ＢＬ來看，因此除非「因緣際會」下有接觸到ＢＬ作品或腐女朋友的推坑，再加上剛好那部作品有抓到他的喜好，該位男同志才可能被ＢＬ俘虜。

然而，有確實接跟腐女接觸及互動過的男同志，大多對腐女們抱持好奇、感興趣和友善的態度。以我在同志熱線的觀察，絕大多數第一次接觸到腐女的男同志，對於「世界上竟然存有腐女這種對描繪男男戀的ＢＬ如此狂熱的生物」都感到非常驚訝（別懷疑，這種訝異是稱讚XD）；對許多男同志來說，他們從沒想過ＢＬ會成為女性熱衷的喜好甚至成為一種身分認同。就某種角度來解讀，許多男同志們從小到大不斷接收外在社會對其同志身分的貶抑和歧視，因此從未想過「男男戀」竟然會成為腐女眼中的「聖經」，而「妄想」這種特殊技能除了是腐女才有的獨門絕活外，更讓許多男同志見識到其功夫之深厚和無遠弗屆。

終章：

總算來到終點了！現在我可以理解那些為了把新刊給生出來，而拼死拼活、熬夜創作同人的繪者和寫手了。

不論是看ＢＬ小說抑或是漫畫，終章和收尾的最後一本漫畫往往是我們「最期待又怕受傷害」的地方。幸運的是，這本書不是漫畫、小說或同人本，所以沒有「戳破美夢」或「ＢＥ」的問題；但反過來說，不幸（抑或有幸？）的是本書其實非常三次元——社會寫實的書寫風格，雖然偶爾會因我的偏好或妄想而飄到某處，但大多時候，我還是扎扎實實認真回應最初的疑問：「為何女生會喜歡上ＢＬ？」這本書從頭至尾在回應這問題，或者我們可以更往前推：「為何社會上會出現ＢＬ這樣的文本？」這兩個問題就像「是先有雞？還是先有蛋？」這問句一樣，答案是一體兩面的。

前陣子我在參加一場腐女藝術家的座談會時，會後與一位漫畫家（也是腐女）聊天，她那時說了一句許多腐女都曾提過的話：「**其實每個女生或多或少都有腐女的傾向**。」當然，這句話可以從很多層面來解讀，就我作為一個男同志／腐女／研究者的位置來看，這句話指的是：**在父權及強制異性戀的社會體制下，ＢＬ以及腐女的出現乃是女性反抗前述兩者的一種必然，套用電影《侏儸紀公園》的一句經典臺詞：「生命會自己找到出路。」**

ＢＬ的出現是女性對抗兩者時所找到的出口——一個新興、還未被主流大眾給認真看待，卻有別於過往性別運動的特殊路徑。表面看來ＢＬ只是女性妄想或幻想中的男男同性愛文本，但包裹在裡頭的，其實是女性對既有性別體制的不滿及反叛。在ＢＬ這空間中，女性藉由排女主義將女性角色（包含自身）——一個在父權下不斷被男性觀看、慾望、貶抑的對象——排除於文本之外，描繪只有單一性別「男性」的「同性愛」世界，除了挑戰強制異性戀下的恐同情節外，也藉由將男性擺放在「受」的位置來削減父權下的陽具權威。於此，女性在ＢＬ裡面擺脫了父權下給予女性的眾多束縛，獲得一種解放甚至是報復性的快感。

究竟ＢＬ和腐女有何特殊性，值得性別研究或是從社運層面來認真看待？

我們把視野拉開拉高，便會發現腐女以及ＢＬ文本可以說是由日本起頭，迅速被東亞女性所擴展的特有文本，或許會有人辯稱，歐美也有「slash」的文化，其受眾和創作者也是以女性為主。但就今日現況來看，其影響的廣度和深度都不如ＢＬ（歐美大多用 Yaoi）來得高，而且也不像日本形塑出「腐女子」的身分認同。隨著網路世代和日本動漫文化的推波助瀾下，ＢＬ文本以及腐女的身分認同已經成為跨國際的現象，前陣子，我還找到了德語及西班牙語的腐女同好論壇，更不用說美國已經舉辦好幾屆的 Yaoi-Con 的同人聚會，至於隔海對岸的中國境內腐女更是眾多。

我認為，我也預言：臺灣社會雖然ＢＬ相較於其他主流媒體或文本（如電影）還沒讓「外人」意識到它的存在（如果去街頭進行訪問，三十五歲以上的一般大眾絕大多數應該都沒聽過ＢＬ或腐女），隨著數十年來的伏流以及擴散，往後ＢＬ只會益發興盛，不論是與之相關的文本（例如電影）、討論、學術研究等，都會如雨後春筍般冒出來；甚至，說不定會有公眾人物願意「出櫃」自己的「腐女」身分。

就性別運動上來說，ＢＬ文本及腐女另闢了一條蹊徑，並形塑出一種特有的女性大眾文化。它不訴求任何運動或政治用語、也不訴求性取向的身分認同，而是用一篇又一篇、一本又一本的故事來訴諸「看見女性情慾」及「愛不分性別」的真諦。如果說社會運動可以簡略分為社會體制上的抗爭以及意識形態的競逐這兩種路線的話，那麼ＢＬ以及腐女的出現，便是後者。

它以一種柔性的方式向大眾訴說：「同性之間的愛戀是美好的。」

僅將本書獻給所有腐女們。

【腐女子妄想技能養成書單】

滴兒讀者們，接下來的 List 是我秘藏的妄想技能養成書單。本書單的完成要感謝小花腐友社團裡許多腐女們的推薦和介紹，才讓本書單增色不少（就不一一唱名各位了）。在服用本書單前，有幾點注意事項還請各位讀者謹記在心：

- ❤ 本書單是為了初入腐地的新手玩家所設計，如果妳已到達最終進化、雙腳已經發光、等級封頂的腐女可以無視本書單的內含物。
- ❤ 本書單包裹許多我的「私心」。畢竟 BL 文本浩瀚如大海，但我身為凡夫俗子的緣故，在肉體（不會用影分身術的遺憾 Orz）、資金、時間等因素限制下，個人偏好就會影響我所挑選的文本 XD，是故本書單將以日本商業誌漫畫為主，還請食用其他類型 BL 文本的腐女們多多包涵。（謎之聲：其實我更想推 BL-Game 和同人二創啊！小岩岩、小火神跟可愛的幸村（ノ≧∀≦）ノ
- ❤ 有鑑於臺灣出版社、BL 漫畫家和眾多譯者的辛勞（話說很多譯者本身就是腐女 XD），本書單只會列出臺灣市面上買得到的 BL 漫畫，以期許各位讀者在熱愛 BL 之餘，也能支持正版文本。

BL商業誌漫畫

《一直認真愛著妳》（上、下），麻生海，東販出版。

非常適合用來談多元家庭、同志家庭的BL漫畫，我常推薦這兩本給在學校任教的老師看。

《無法碰觸的愛》，ヨネダコウ，尖端出版。

如果你是有異男忘或異女忘經驗的同志，我會很推薦看這本，此外，它也是我心中Number 1的BL漫畫。（題外話，ヨネダコウ的作品我都很推薦。）

《被社團學弟步步逼近》，腰乃，尚禾出版。

校園輕鬆小品，喜歡下克上的讀者請別錯過這本，話說腰乃的作品還頗有她自己星座的風格——水瓶座的電波系XDD

《昨日的美食》，吉永史，尖端出版。……………………………………

描繪男同志日常的飲食生活，故事平易近人，隨著劇情發展會帶入一些同志面臨到的現實議題。

《10 Dance》，井上佐藤，東立出版。……………………………………

只不過是男男跳個雙人舞而已，居然比起H還要讓人激萌啊～【某位在跳弗朗明哥舞的腐女好友如此表示。】

《愛在末路之境》、《愛在絕境重生》，水城雪可奈，東販出版。……………………………………

【某腐女朋友推薦】看異男忘很適合看這本，雖然作者主力都是淑女漫但這本的分鏡不錯，帶有不少訊息可探究。

《那傢伙的真命天子》，田中鈴木，臺灣角川出版。……………………………………

抖S受眾人愛戴的攻與其貌不揚又可愛像小動物的受，他們之間不得不說的青春爆笑校園小品。

《黑貓男友系列》，左京亞也，長鴻出版。……………………………………

喜歡吃肉和甜本的讀者請別錯過這系列，保證甜死人不償命。

《黑毛豬與椿之戀》，SHOOWA，尚禾出版。……………………………………

SHOOWA的作品跟腰乃一樣，都帶有某種程度的電波系和搞笑風格。（但是肉絕對不會少XDD）

《我的溫柔大哥》，今市子，東販出版。……………………………………

屬於社會寫實派的BL作品，書中很深刻的描繪日本男同志在社會及家庭的處境及議題。

《糖果色的戀愛反論》，夏目維朔，長鴻出版。……………………………………

夏目的作品我都還蠻推的，喜歡吃甜本的讀者很適合看她的作品。

《兔醫生與流氓虎》，本間アキラ，威向出版。……………………………………

本間是我最愛的BL漫畫家之一，這部作品是我心中的NO. 2！雖說黑道老大是老梗設定，但作者在劇情編排和角色設定上都非常到位！

《10 count》，寶井理人，東立出版。……………………

總而言之，在追這本的大家都在等最後一個 count 實現吧！（爆）

《初戀的過程》，日高ショーコ，東立出版。……………………

我一直很喜歡日高描繪兩男（兩難）關係和內心戲的過程，以及掙扎時的情緒表現。

《敬啟、兄長大人》，田倉トヲル，長鴻出版。……………………

少數我喜愛卻屬於清水系列的 BL 漫 XD，書中在描繪兄弟關係及愛慕上非常細緻且傳神，是本難得的兄弟戀佳作。

國家圖書館出版品預行編目(CIP)資料

腐腐得正 : 男人的友情就是姦情 / Cocome 著. --
初版. -- 臺北市 : 奇異果文創, 2016.02-
冊 ; 公分. --(緣社會 ; 5-)
ISBN 978-986-92720-1-8(平裝)
1.性別研究 2.文化研究 3.文集

544.707 105001994

緣社會 005

腐腐得正：男人的友情就是姦情

作者：Cocome
封面插畫：望 Nozomi
美術設計：舞籤
執行編輯：許雅婷

總編輯：廖之韻
創意總監：劉定綱

法律顧問：林傳哲律師 / 昱昌律師事務所

出版：奇異果文創事業有限公司
地址：臺北市大安區羅斯福路三段 193 號 7 樓
電話：(02) 23684068
傳真：(02) 23685303
網址： https://www.facebook.com/kiwifruitstudio
電子信箱：yun2305@ms61.hinet.net

總經銷：紅螞蟻圖書有限公司
地址：臺北市內湖區舊宗路二段 121 巷 19 號
電話：(02) 27953656
傳真：(02) 27954100
網址：http://www.e-redant.com

印刷：永光彩色印刷股份有限公司
地址：新北市中和區建三路 9 號
電話：(02) 22237072

初版：2016 年 2 月 25 日
ISBN：978-986-92720-1-8
定價：新臺幣 350 元